《年鉴编纂工作手册》编委会审定

年鉴编纂
工作手册
（第二版）

陈金艳　编著

中国林业出版社

图书在版编目（CIP）数据

年鉴编纂工作手册 / 陈金艳编著. -- 2版. -- 北京：中国林业出版社, 2024.9. -- ISBN 978-7-5219-2932-4

Ⅰ. G237.4-62

中国国家版本馆CIP数据核字第2024VK7583号

本书根据出版编辑业务、编辑技术与有关规范、标准方面的规定，参考相关专家的有关理论著述和年鉴实务操作编写，分为年鉴基础知识、年鉴编纂工作、年鉴内容编写、编纂技术与规范、常见问题及实例分析，以及相关规定6个部分。

本书作为年鉴编纂工具书，编排层级清晰，查找便捷，文字简练，操作性强，实用性好，一书在手，可有效解决年鉴编纂各种难题，适合从事年鉴工作的作者和编辑参考使用。

责任编辑：许　凯
封面设计：北京鑫恒艺文化传播有限公司

出版发行：中国林业出版社
　　　　　（100009，北京市西城区刘海胡同7号，电话010-83143580）
电子邮箱：cfphzbs@163.com
网　址：https://www.cfph.net
印　刷：北京博海升彩色印刷有限公司
版　次：2019年7月第1版
　　　　2024年9月第2版
印　次：2024年9月第1次
开　本：787mm×1092mm 1/32
印　张：8.5
字　数：185千字
定　价：58.00元

编委会

《年鉴编纂工作手册》（第二版）

主　任

郑维桢　中国出版协会年鉴工作委员会副主任、副会长

副主任

何　蕊　中国出版协会年鉴工作委员会中央级年鉴工作部主任
　　　　中国林业出版社编审、辞书分社社长

委　员

陈金艳　中国出版协会年鉴工作委员会中央级年鉴工作部副主任
　　　　中国税务出版社编审、编辑部主任

余　莉　中国出版协会年鉴工作委员会中央级年鉴工作部副主任
　　　　《中国烟草》杂志社年鉴部主任

吴洪钟　中国出版协会年鉴工作委员会中央级年鉴工作部副主任
　　　　中国农业出版社期刊分社副社长

刘世博　中国出版协会年鉴工作委员会中央级年鉴工作部副主任
　　　　中国机械工业年鉴社副社长

高　欣　中国出版协会年鉴工作委员会中央级年鉴工作部副主任
　　　　中国中医药年鉴编辑部主任

刘书峰　中国出版协会年鉴工作委员会中央级年鉴工作部副主任
　　　　中国广播电视年鉴编辑部副主编
吴　昊　中国出版协会年鉴工作委员会中央级年鉴工作部副主任
　　　　中国艺术年鉴执行主编
王若明　中国出版协会年鉴工作委员会中央级年鉴工作部副主任
　　　　中国水利年鉴编辑部主任
方　芳　中国出版协会年鉴工作委员会中央级年鉴工作部副主任
　　　　《中国环境年鉴》编辑部主任
王妍妍　中国出版协会年鉴工作委员会中央级年鉴工作部副主任
　　　　新华出版社时政图书编辑室副主任
周小芸　中国出版协会年鉴工作委员会中央级年鉴工作部副主任
　　　　《中国法律年鉴》社副编审

编委会
《年鉴编纂工作手册》

主 任

郑维桢　中国出版协会年鉴工作委员会副主任、副会长

副主任

李卫玲　中国出版协会年鉴工作委员会中央级年鉴工作部主任
　　　　中国机械工业年鉴社社长

委 员

陈金艳　中国出版协会年鉴工作委员会中央级年鉴工作部副主任
　　　　中国税务出版社税法年鉴中心主任

王晓静　中国出版协会年鉴工作委员会中央级年鉴工作部副主任
　　　　中国轻工业年鉴社副社长

余　莉　中国出版协会年鉴工作委员会中央级年鉴工作部副主任
　　　　《中国烟草》杂志社年鉴部主任

罗建平　中国出版协会年鉴工作委员会中央级年鉴工作部副主任
　　　　中国广播电视年鉴编辑部主任

吴洪钟　中国出版协会年鉴工作委员会中央级年鉴工作部副主任
　　　　中国农业出版社期刊分社副社长

李祥柱　中国出版协会年鉴工作委员会中央级年鉴工作部副主任
　　　　中国经济贸易年鉴社社长

何　蕊　中国出版协会年鉴工作委员会中央级年鉴工作部副主任
　　　　中国林业出版社辞书分社副社长

骆　珊　中国出版协会年鉴工作委员会中央级年鉴工作部副主任
　　　　中国城市年鉴社副总编辑

王　宏　中国出版协会年鉴工作委员会中央级年鉴工作部副主任
　　　　长江年鉴社社长

再版序言

时隔5年,《年鉴编纂工作手册》修订再版了。

2019年编著这本手册时,专门成立了编委会,我担任编委会主任并为手册撰写了序言,中央级年鉴工作部的各位副主任担任编委。2019年9月,手册由机械工业出版社出版发行,这一年的9月18日—19日,第二届中央级年鉴研讨会暨贵阳观山湖论坛召开,会上举行了手册的首发式。参会学员拿到这本手册,十分高兴,赞许有加。2020—2022年,因新冠疫情,年鉴界各项学术、培训活动被迫中断。疫情基本结束后,2023年4月12日,中国出版协会年鉴工作委员会在安庆举办第20期全国年鉴编纂研讨(培训)班,旨在深入学习贯彻党的二十大精神,全面落实《质量强国建设纲要》,提升年鉴编纂出版质量。通知发出后,报名踊跃,参加培训学员近270人。这说明年鉴编纂人员迫切需要培训,需要《年鉴编纂工作手册》这样的指导用书,指导年鉴编纂工作,提升年鉴编纂质量。

2024年3月27日,为研究部署今年的重点工作,组织布置中国出版协会年鉴工作委员会主办的2024年全国年鉴编纂出版质量检查推优活动,中央级年鉴工作部在位于什刹海的中国林业出版社召开工作会议。会议期间得知,手册已脱销,许多年鉴编纂人员到处求购这本手册,并呼吁再版这本手册。随后,我们专题研究了修订增补方案。8月8日,为筹备召开第三届中央级年鉴研讨会,中央级年鉴工作部专门召开了会议。会上研究通过了再版手册的修订增补方案。一是增补年鉴知识,增加年鉴发展历史内容。包括西方年鉴的起源与发展和中国年鉴的起源与发展。二是增补年鉴内容编写章节。原手册以编校质量规范为主,框架设计及条目编写的内容较少。这次增加年鉴内容编写章节,分为年鉴框架设计和选题选材、主体资料内容编写(条目编写)、辅助资料构成与编写三部分。三是补充年鉴创新及年鉴数字化的内容。在年鉴现状及发展趋势中,新增加"年鉴内容创新和媒体融合"一节。四是增加部分案例,以2024年全国年鉴编纂出版质量检查推优中发现的问题作为主要案例补充进手册。此外,更新附录内容,补充年鉴检查推优的相关文件、质检标准等内容。

再版的《年鉴编纂工作手册》主要有以下变化。

第一,手册增补了年鉴发展历史的内容。近代以来,西方年鉴在中国的传播发展进程大体上可分为:年鉴形态的传入期、年鉴内容的编译期、年鉴编纂的发展期、年鉴事业的繁荣期四个历史阶段,经历了通书性质、政书性质、史料性质、工具书性质、资料性文献性质五次大的嬗变,并在各个阶段呈现出不同的特点。中国年鉴的产生发展,根植于中国历史文献编纂的文化沃土,贯穿了年鉴中国化这一鲜明主题。西方年鉴从传入中国开始,就深刻打上了中国传统文化的烙印,并逐步走上了一条适合中国自身国情的编纂发展道路。年鉴中国化是西方年鉴与中国传统文化交融的产物,是年鉴在中国传播发展的历史选择,也是中国年鉴事业未来发展面临的重大课题。年鉴从西方传入中国,已有上百年的历史。新中国的年鉴事业起始于1978年,已走过了40多年不平凡的岁月,伴随着我国改革开放的历史进程,从20世纪80年代起中国年鉴事业步入蓬勃发展的时期。盛世修志,国盛则鉴兴。年鉴与国家政治、经济、文化、社会、生态建设的现实联系最紧密,是高密度、高容量、高效能的知识信息的结晶体。这些结晶体连起来就是对各行各业系统完整的阐述,是当代中国各项事业的独特指南,是"集知识、信息、数据、资料于一身"的多元化信息源。总结历史数据,记录发展历程,助推事业发展。各行各业的每一步坚实步履,都在每一本年鉴里留下了深深的足迹;各行各业的每一项丰硕成果,都在每一册年鉴里烙下了不朽的印记。作为记录时代脚步的年鉴工作者,需要了解年鉴发展的历史和来龙去脉。

第二,手册增补了年鉴编写的内容。年鉴在我国经济社会发展和社会主义文化强国建设中发挥着重要作用。改革开放以来,特别是党的十八大以来,经过年鉴编纂单位和年鉴工作者不懈努力,在推进年鉴事业高质量发展中取得显著成绩。在服务科学决策、辅助发展研究、宣传发展成就、保存年度资料等方面发挥了积极作用。从历史角度看,年鉴能够全面、系统地反映每一年度工作情况和重要信息,客观记录我国改革发展历程,累鉴成史,有利于后人进行研究,以史为鉴,继往开来。年鉴作为高密度、大容量的文献,记录时代特征,展示历史规律,其"存于史,利于用"的功能是其他书籍替代不了的。从现实角度看,年鉴具有较高的实用价值。年鉴收录了大量准确、翔实的数据、资料,可以提供权威的专业资料,为改革发展提供重要参考。作为年鉴工作者,要以更加负责的态度和精益求精的工匠精神,扎实做好年鉴编纂工作,使年鉴真正发挥出客观记载历史、充分展示成就的重要作用,为助推改革发展作出贡献。年鉴编纂要紧跟新时代步伐,找准时代定位,突出反映改革新思路、新进展、新举措,充分发挥年鉴存史、资政的功能作用。要办成精品年鉴,必须从年鉴的价值与功用、规范与创新、撰稿人队伍、编辑队伍、编撰内容等方面加强研究。从零散资料到一部有序的年鉴直至在读者手中成为有用的资料这一过程,是年鉴实用性的实现过程,这一过程也是实现年鉴使用价值的过程。原始信息→撰稿人→编者→年鉴,这是年鉴的形成过程,在这一过程中,各种信息由零散、粗糙、无序的状态,逐步变得密集、精练、准确、有序。这一过程的实施者是撰稿人和编辑人员。原始材料通过撰稿人的分析、归纳、综合、集中、概括、总结和提炼,去伪存真,去粗取精,再经过编辑人员的加工和统筹安排,被系统化后形成一部编排合理、资料可靠的年鉴。这时的年鉴所含的信息就是实用信息。年鉴→读者→有用信息,这是年鉴的应用过程。对年鉴而言,其实用性强不强,撰稿人和编辑人员起着关键性作用。《年鉴编纂工作手册》在这方面将发挥重要作用。

第三,手册增补了年鉴创新和数字化的内容。如何适应新时代的发展需要,拓宽年鉴服务渠道,增强年鉴服务功能,创新年鉴服务手段,更好地贴近国家事业发展实际,贴近广大读者需求，是年鉴工作者值得认真思考并付诸实践的重要课题。目前，有的年鉴已经建设了年鉴网站、数据库、链接小程序，实现了在线编纂，新增了网络版年鉴、手机版年鉴和扫描二维码功能，开设了微信公众号等，起到了很好的效果。年鉴工作必须顺应"互联网+"发展趋势，大力推动年鉴信息化建设。当前年鉴信息化网络化建设尚存在一些问题。由于运用互联网的意识不强以及体制机制障碍等原因，"互联网+年鉴"的发展出现不均衡的状况。将数据资源库建设、在线编纂及年鉴应用等环节割裂开来，形成互不关联的孤岛，没有形成合力。由于缺少数字化建设的行业标准，各年鉴编纂单位的数据库互不兼容，对构建中国年鉴资源数据库造成障碍。由于信息技术发展与年鉴信息需求融合不够等因素，现有的年鉴资源数据库只起到信息查检的作用，还需要年鉴工作者与时俱进，不断探索。

《年鉴编纂工作手册》修订再版，是中国出版协会年鉴工委加强培训工作的需要。学术活动是年鉴学术团体的活水源头。年鉴工委始终牢记宗旨，持之以恒坚持"学术立会"，到2024年，累计举办了16届学术年会、21期全国年鉴编纂培训班，在年鉴事业发展的不同阶段，赋予了学术活动不同的主题。年鉴工委在理论建设、质量建设、队伍建设、自身建设方面付出了努力，取得了成绩，积累了经验。年鉴工委理事会第四届领导班子在王守亚会长带领下，名誉会长许家康、常务副会长鲍海春和华蕾、副会长黄丽等年鉴工委领导群策群力，拓展工作领域、创新培训模式，以年鉴编纂业务培训为抓手加强编辑队伍建设，开展年鉴编纂出版质量评比和编校质量检查评比活动，加强自身建设、增强服务意识、提高服务能力，获得广大会员单位好评。这次再版《年鉴编纂工作手册》，旨在为全国年鉴编纂人员提供一份非常实用的年鉴编纂工作指南。

国家各项事业发展的历程，需要年鉴工作者做无愧于伟大新时代的记录者。年鉴编纂出版工作必须坚持以习近平新时代中国特色社会主义思想为指导，深入贯彻党的二十大精神，把习近平文化思想作为年鉴编纂出版工作的根本遵循，贯彻党的出版方针政策，坚持正确的政治方向，推动年鉴出版事业高质量发展，更好地服务于国家发展大局。年鉴出版是中国出版事业的重要组成部分，年鉴事业是中国特色社会主义文化事业的重要组成部分。进入新时代，年鉴工作要有新气象、新作为，年鉴工作者要深刻认识年鉴工作的重要意义及其在文化强国建设中的重要地位和作用，高度重视年鉴编纂出版质量，牢固树立阵地意识、责任意识、质量意识。年鉴是记述各行各业发展情况的资料性文献，具有重要的资政存史功能。年鉴编纂出版必须坚持记述客观、数据准确、资料翔实，经得起历史检验，这是年鉴质量建设的核心要求。要建立一支高质量的年鉴作者队伍。年鉴内容、形式要与新时代同步伐，尽快推动年鉴信息化建设和数字出版。这次再版《年鉴编纂工作手册》，旨在把握年鉴工作正确的政治方向，提升年鉴编纂质量，努力做好新时代新征程的忠实记录者。

郑维桢

中国出版协会年鉴工作委员会副主任、副会长

2024 年 8 月

序

  由中国出版协会年鉴工作委员会中央级年鉴工作部组织编纂、陈金艳执笔编写的《年鉴编纂工作手册》面世了，这是首都年鉴界期待已久的事，值得庆贺。这本手册对提高年鉴编纂质量很有意义。2019年3月29日，我受中国税务出版社邀请赴杭州在《中国税务年鉴》编纂工作培训会上授课，陈金艳送给我一本发给会议代表的小册子——《税务年鉴编纂工作手册（试用版）》，由中国税务出版社内部出版。我翻看后觉得内容翔实，操作性强，非常实用，建议公开出版这本手册。5月8日，赴成都参加第六届年鉴编纂出版质量评比颁奖大会暨第二十次全国地州区县年鉴研讨会的途中，陈金艳交给我一本《行业年鉴编纂工作手册》目录，这是上次试用版的修订稿，我们商定以中央级年鉴工作部的名义组织编纂出版。考虑年鉴编纂的基本规范趋同，为扩大受众，使手册适应面更广，决定更名为《年鉴编纂工作手册》，除介绍行业年鉴外，还介绍综合年鉴的内容，并邀请我为手册作序，我欣然接受。

  借着撰写序言的机会，就中央级年鉴工作部开展的工作先略述一二。中国出版协会年鉴工作委员会作为全国年鉴界的行业组织，已有几十年的历史，其发展历程多有曲折。中央级年鉴工作部作为中国出版协会年鉴工作委员会的内设办事机构也几经变迁。多年来，中央级年鉴工作部充分发挥站位高、信息灵、反应快等优势，积极开展各项活动，做了大量卓有成效的工作。在这里讲几件事。第一件事，2017年12月18日，中国出版协会年鉴工作委员会第四次全国会员代表大会在合肥召开，会议选出了新一届理事会领导班子，按照分工，我和宋毅负责分管中央级年鉴工作部。在新一届会长办公会上，提出中央级年鉴工作部组织召开研讨会的任务。中央级年鉴工作部为此组织召开三次专题会议，研究落实研讨会事宜，工作部主任李卫玲及陈金艳等各位副主任作出了贡献。2018年8月24日，2018中央级年鉴研讨会暨香山论坛在北京香山饭店成功举办，这是中央级年鉴工作部第一次承办这类大型研讨会，受到全国年鉴界同仁的广泛关注。收到论文近40篇，结集印制了《2018中央级年鉴研讨会暨北京香山论坛论文集》。中国出版协会副秘书长邢岩到会致辞，王守亚会长作专题报告，我作了主旨报告，邵权熙副会长作了专题讲座，6位论文作者作了大会交流发言，宋毅副会长作了会议总结。一些同仁纷纷创作诗词，表达对"香山论鉴"的心声。目前正在筹划2019年9月的第二届中央级年鉴研讨会暨论坛，尽力将其办成一个有影响力的品牌。第二件事，中国出版协会年鉴工作委员会曾组织举办过5届全国年鉴编纂出版质量评比，分别在1996年、2001年、2004年、2009年和2014年举行。中央级年鉴工作部在这5届评比中承担了中央级年鉴的评比工作。2018年组织了第六届全国年鉴编纂出版质量评比活动，12月10—13日，中央级年鉴工作部在怀柔红螺山庄顺利完成对中央级年鉴的评比工作，报第六届年鉴编纂质量评比工作领导小组审定，经中国年鉴网公示评比结果。2019年5月9日在成都举行了颁奖大会，近400人参加。通过开展评比活动，旨在检阅4年来中央级年鉴编纂出版质量，展示规范与创新成果，总结编纂出版经验与教训，提高年鉴编纂队伍整体素质和年鉴编纂质量，促进中国年鉴事业繁荣发展。第三件事，中央级年鉴工作部成功举办首都年鉴界新春联谊会已有十几届，已成为一个深受欢迎的品牌。每到迎新年的时刻，首都年鉴界的新老朋友都会欢聚一堂，共迎新春。王守亚会长在贺辞中说道："首都年鉴界新春联谊会已成功举办多年，它已成为首都年鉴界沟通交流的桥梁，成为凝心聚力、增进友谊的平台，成为扩大影响、促进合作的阵地，成为展示才艺的大舞台。"在联谊会停办5年之后，2019年1月24日，我们举办了首都年鉴界庆祝新中国成立70周年暨2019年新春年会，反响热烈。组织编写出版《年鉴编纂工作手册》是我们要做的第四件事。中国年鉴事业的发展，离不开年鉴理论的指导。年鉴事业的发展，促进了年鉴学术研究。年鉴学术研究的深入开展，又反过来进一步促进了年鉴事业的发展。多年来，中央级年鉴工作部积极组织中央级年鉴的同志进行年鉴学术研究，撰写了一批高质量的论文。许多论文在中国出版协会年鉴工作委员会主办的学术刊物《年鉴论坛》上刊登。同时，中央级年鉴工作部还组织力量参与年鉴论著的编写工作，探讨年鉴编纂理论，深化年鉴学术研究，交流年鉴出版经营工作经验。这次组织编写出版《年鉴编纂工作手册》的宗旨也正在于此。

年鉴从西方传入我国已有上百年的历史。新中国的年鉴事业起始于1978年，已走过了40年不平凡的岁月。伴随着我国改革开放的历史进程，从20世纪80年代起，中国年鉴事业步入蓬勃发展的时期。经过40多年的发展，我国年鉴事业已进入数量巨大、结构合理、品种齐全、质量上乘、人才辈出的新时期。年鉴数量由1983年的28种发展到2018年的9530种。2019年至2021年，全国累计出版省级综合年鉴84种、地市级综合年鉴980种，县区级综合年鉴7289种，行业年鉴669种，部门年鉴368种，专业年鉴428种。综合年鉴不断拓展信息的"广度"，专业年鉴、专题年鉴不断延伸信息"深度"，年鉴发展也在顺应时代由数量扩张型向质量效益型转变，加力推动年鉴事业高质量发展。作为全面记载各行各业各地工作进程的大型工具书，各类年鉴为我国的政治、经济、社会、文化、生态建设发挥了重要作用。目前年鉴事业发展的现状是：年鉴编纂力量增长迅速，质量逐年提高。年鉴培训、评比活动已成常态化，年鉴细分专业、集群化趋势明显，但不够规范，缺乏创新，存在框架设计不够合理、质量参差不齐、交叉重复出版、篇幅过大及追求奢华等现象。年鉴的推广、充分开发利用已成发展瓶颈；年鉴转型升级、数字化、网络化进程不一；产业链延伸、产品多样化有待发展；年鉴理论研究人才、成果不足；年鉴队伍不够稳定；编纂水平尚待提高。

质量是年鉴的生命。规范和创新是年鉴编纂工作永恒的两大主题,但创新是要在规范的基础上实现的。评判一部年鉴质量好坏,主要从三个方面考量:一是框架设计,二是条目编写,三是装帧设计。当然也要考虑年鉴的编校质量、出版周期、开发利用等因素。年鉴作为大型资料性工具书,编纂规范化是基本质量标准,包括框架设计、条目编写、装帧设计三个方面的规范化。这本《年鉴编纂工作手册》着重阐述的就是年鉴规范化问题。手册设置了5个部分:年鉴基础知识、年鉴编纂工作、编纂技术与规范、常见问题及实例分析、附录,在附录中给出了年鉴编纂的相关规定。在第3部分"编纂技术与规范"中,涉及框架(篇目)设计、条目撰写、文字表述、名称规范、缩略用语、时间表述、计量单位、数字使用、标点符号、文件引用、图表规范、参考文献与索引编制等,有助于从事年鉴工作的撰稿人和编辑人员尽快熟悉和掌握年鉴编纂知识和技能。

这本手册与现有的年鉴类图书相比,从年鉴全面性的角度讲,似乎略有不足之处。比如,关于一些年鉴创新、年鉴经营和年鉴开发利用方面的内容并未涉及;从年鉴创新性的角度讲,关于多媒体的应用,实现数字化、全媒体融合发展,在年鉴知识部分也只是点到为止;一些网络年鉴试点,年鉴数据库建设,年鉴数字化,年鉴使用二维码、小程序的经验做法并未收录等。但这本手册作为年鉴编纂小型工具书,有着文字少、体量小、便于携带阅读,内容专业规范、指导性强,编排层级清晰、查找便捷,配合实例讲解、适用性强,语言文字简练,以及工具书特点突出等许多优点。从事年鉴工作的作者和编辑一书在手，可以有效解决许多编纂中遇到的规范化方面的难题，不失为一本操作性强、实用性好的便捷工具书。

我们正处在一个新时代，年鉴工作者要以更加负责的态度和精益求精的工匠精神扎实做好年鉴编纂工作。要充分认识编辑出版年鉴的历史和现实意义；要紧跟新时代的步伐，充分展示各行业、各领域、各地方改革发展的成就；要创新年鉴体制机制，打造精品年鉴，更好地服务大局、服务读者。

郑维桢

中国出版协会年鉴工作委员会副主任、副会长

2019年6月

编辑说明

年鉴编纂出版是一门专业性很强的工作。作为年鉴的作者、编辑，要有专业的素养和技能，掌握年鉴学的基本知识和年鉴编写方法，熟悉年鉴编纂规范化方面的基本要求。年鉴编纂规范是年鉴的基本质量标准，也是确保年鉴质量的最基本要求。只有作者和编辑在内容编写及规范化方面共同努力，才能不断提高年鉴的编纂质量，使更多的年鉴成为优秀年鉴。

为帮助从事年鉴工作的作者和编辑尽快熟悉和掌握年鉴编纂的知识和技能，规范年鉴编纂工作，提升年鉴编写质量和使用价值，参考年鉴专家的有关理论著述，依据出版编辑业务、编辑技术与有关规范及标准方面的规定，结合诸多年鉴编纂工作的实务经验，编者于2019年编写了《年鉴编纂工作手册》。手册主要介绍了年鉴的基本知识、年鉴编纂工作的流程要求、年鉴编纂过程中所需要的实用技术与规范，并通过实例分析总结各类年鉴编纂中出现的常见问题，在附录中载列了与年鉴编纂工作相关的法规、标准和规定。

近年来，年鉴事业繁荣发展，年鉴内容日益创新，尤其是信息技术快速发展，对年鉴编纂工作提出了更高的要求。为适应年鉴新时期新发展，丰富年鉴编写内容，编者结合全国年鉴编纂出版质量检查推优情况，对《年鉴编纂工作手册》内容进行修订完善并形成第二版。本书在年鉴知识方面增补了年鉴起源与发展历史，补充了年鉴内容创新和媒体融合，年鉴编写方面增加了年鉴内容具体编写方法及条目示例，常见问题及实例分析中增加了质检常见差错（以年鉴推优中质检案例为主）和文前及排序问题，附录内容也进行了全面更新。

  本书在编写及修订过程中得到中国出版协会年鉴工作委员会领导的支持和指导，吸收了有关年鉴专家的意见建议，由年鉴工作委员会中央级年鉴工作部（本书编委会）审定，在此一并表示感谢。

  由于编者水平有限，书中难免有疏漏和不足之处，敬请读者指正并提出宝贵意见和建议。

编者
2024年8月

目录

1 年鉴基础知识 ……………………………………………… 1
　1.1 什么是年鉴 …………………………………………… 1
　　1.1.1 年鉴的定义 ……………………………………… 1
　　1.1.2 年鉴的定位 ……………………………………… 1
　1.2 年鉴起源与发展 ……………………………………… 3
　　1.2.1 西方年鉴的起源与发展 ………………………… 4
　　1.2.2 中国年鉴的起源与发展 ………………………… 6
　1.3 年鉴的性质和作用 …………………………………… 9
　　1.3.1 年鉴的特点与性质 ……………………………… 9
　　1.3.2 年鉴的价值与作用 ……………………………… 11
　1.4 年鉴的类型与形成 …………………………………… 12
　　1.4.1 年鉴的类型 ……………………………………… 12
　　1.4.2 年鉴的形成 ……………………………………… 13
　　1.4.3 年鉴的体例 ……………………………………… 13
　1.5 年鉴现状及发展趋势 ………………………………… 15
　　1.5.1 综合性年鉴基本情况 …………………………… 15
　　1.5.2 专业性年鉴基本情况 …………………………… 17
　　1.5.3 年鉴内容创新和媒体融合 ……………………… 20

1.5.4 年鉴编纂存在的问题 ·················· 22
  1.5.5 年鉴的发展趋势 ······················ 24

2 **年鉴编纂工作** ································ 31
  2.1 了解编纂工作 ····························· 31
    2.1.1 年鉴组织建设 ······················ 31
    2.1.2 年鉴编纂管理 ······················ 32
    2.1.3 年鉴编辑特点 ······················ 34
    2.1.4 年鉴编辑素质 ······················ 35
  2.2 撰稿流程 ································· 36
    2.2.1 布置工作 ·························· 36
    2.2.2 收集资料 ·························· 37
    2.2.3 撰写初稿 ·························· 37
    2.2.4 修改审定 ·························· 37
    2.2.5 稿件报送 ·························· 37
    2.2.6 配合修改 ·························· 38
    2.2.7 校对审核 ·························· 38
  2.3 总纂统稿 ································· 38
    2.3.1 总纂内容 ·························· 39
    2.3.2 统一体例 ·························· 40
  2.4 编辑流程 ································· 43
    2.4.1 组稿工作 ·························· 43

2.4.2　审稿工作 …………………………………………… 44

　　　2.4.3　编辑加工 …………………………………………… 45

　　　2.4.4　校对与看样 ………………………………………… 47

3　年鉴内容编写 ……………………………………………………… 49

3.1　年鉴框架设计和选题选材 …………………………………… 49

　　　3.1.1　记述重点 …………………………………………… 49

　　　3.1.2　内容构成 …………………………………………… 50

　　　3.1.3　框架设计 …………………………………………… 51

　　　3.1.4　选题选材 …………………………………………… 55

3.2　主体资料内容编写（条目编写）……………………………… 57

　　　3.2.1　条目基本要义 ……………………………………… 57

　　　3.2.2　条目编写要素 ……………………………………… 58

　　　3.2.3　综合性条目编写 …………………………………… 59

　　　3.2.4　单一性条目编写 …………………………………… 61

3.3　辅助资料构成与编写 ………………………………………… 67

　　　3.3.1　特载 ………………………………………………… 67

　　　3.3.2　专文 ………………………………………………… 67

　　　3.3.3　重要文献 …………………………………………… 68

　　　3.3.4　大事记 ……………………………………………… 68

　　　3.3.5　统计资料 …………………………………………… 69

　　　3.3.6　附录 ………………………………………………… 69

4 编纂技术与规范 ····· 70

4.1 文字表述 ····· 70
4.1.1 文体与文风 ····· 70
4.1.2 行文用语 ····· 70

4.2 名称规范 ····· 71
4.2.1 机关名称 ····· 71
4.2.2 人名 ····· 73
4.2.3 地名 ····· 74
4.2.4 中文译名 ····· 74

4.3 缩略用语 ····· 75
4.3.1 中文缩略语 ····· 75
4.3.2 英文缩略语 ····· 75

4.4 时间表述 ····· 76
4.4.1 表现形式 ····· 76
4.4.2 时间概念 ····· 76
4.4.3 年份使用 ····· 76
4.4.4 月份使用 ····· 76
4.4.5 计时方式 ····· 77

4.5 计量单位 ····· 78
4.5.1 使用国际单位制 ····· 78
4.5.2 使用中文全称 ····· 78
4.5.3 金额单位使用 ····· 78

4.6 数字使用 ……………………………………………… 79
 4.6.1 阿拉伯数字的使用 ……………………………… 79
 4.6.2 汉字数字的使用 ………………………………… 79
 4.6.3 数字书写规则 …………………………………… 80
 4.6.4 数值（量值）范围的表示 ……………………… 81
 4.6.5 概数、约数要避免表意重复 …………………… 81
 4.6.6 数量增加或减少的表述 ………………………… 81

4.7 标点符号 ……………………………………………… 82
 4.7.1 句号的特殊用法 ………………………………… 82
 4.7.2 问号的特殊用法 ………………………………… 83
 4.7.3 逗号的特殊用法 ………………………………… 84
 4.7.4 顿号的特殊用法 ………………………………… 84
 4.7.5 冒号的特殊用法 ………………………………… 85
 4.7.6 引号的特殊用法 ………………………………… 85
 4.7.7 括号的特殊用法 ………………………………… 87
 4.7.8 书名号的特殊用法 ……………………………… 87
 4.7.9 连接符的特殊用法 ……………………………… 91

4.8 文件引用 ……………………………………………… 92
 4.8.1 文件名称 ………………………………………… 92
 4.8.2 文号 ……………………………………………… 94
 4.8.3 条款引用 ………………………………………… 94
 4.8.4 条文引用 ………………………………………… 95

4.9 图表规范……97
    4.9.1 图表的构成……97
    4.9.2 图表序号……98
    4.9.3 图名（表题）……98
    4.9.4 计量单位……98
    4.9.5 图注（表注）……99
    4.9.6 文字说明……99

4.10 图片规范……100
    4.10.1 图片质量……100
    4.10.2 图片来源……100
    4.10.3 图片说明……100

4.11 地图使用……101
    4.11.1 报送审核……101
    4.11.2 报送单位……101
    4.11.3 审图号标注……101

4.12 参考文献……101
    4.12.1 专著的著录……101
    4.12.2 连续出版物的著录……102
    4.12.3 析出文献的著录……102
    4.12.4 学位论文的著录……103
    4.12.5 电子文献的著录……103
    4.12.6 参考文献注意事项……103
    4.12.7 文献类型和标识代码……104

4.13 索引编制 …………………………………………… 105
  4.13.1 索引类型 …………………………………… 105
  4.13.2 索引编制方法 ……………………………… 106
4.14 封面和图书书名页 …………………………………… 106
  4.14.1 封面 ………………………………………… 106
  4.14.2 图书主书名页 ……………………………… 108

5 常见问题及实例分析 ………………………………… 110
5.1 框架（篇目）设计问题 ……………………………… 110
  5.1.1 篇目设计不全面 …………………………… 110
  5.1.2 篇目分类不科学 …………………………… 110
  5.1.3 篇目容量不均衡 …………………………… 111
  5.1.4 内容归属不当 ……………………………… 111
  5.1.5 篇目排序不合理 …………………………… 111
5.2 内容编写问题 ………………………………………… 112
  5.2.1 大事要情缺漏 ……………………………… 112
  5.2.2 基础信息不完备 …………………………… 112
  5.2.3 内容记述不完整 …………………………… 112
5.3 条目撰写问题 ………………………………………… 113
  5.3.1 条目设置过多或过少 ……………………… 113
  5.3.2 标题过于随意 ……………………………… 114
  5.3.3 正文未加提炼 ……………………………… 114
  5.3.4 内容混乱 …………………………………… 116

5.4 导向和涉密问题 ··117
　　5.4.1 导向问题 ··117
　　5.4.2 涉密问题 ··119
5.5 图片问题 ··120
　　5.5.1 图片内容不合适 ···120
　　5.5.2 图片质量不达标 ···120
　　5.5.3 图片说明不规范 ···121
　　5.5.4 使用无版权图片 ···122
5.6 地图使用问题 ···122
　　5.6.1 地图未审核 ··122
　　5.6.2 使用旧地图 ··122
　　5.6.3 审图号位置错误 ···122
5.7 重要文献问题 ···123
　　5.7.1 要素不完备 ··123
　　5.7.2 缩略语缺注解 ···124
　　5.7.3 附加冗余内容 ···125
　　5.7.4 文稿排放无序 ···125
5.8 统计资料问题 ···126
　　5.8.1 表题（图名）不规范 ···································126
　　5.8.2 统计时间不规范 ···126
　　5.8.3 计量单位不规范 ···127
　　5.8.4 逻辑关系错误 ···127

- 5.9 机构和人员问题 …………………………………… 128
  - 5.9.1 信息错误 ……………………………………… 128
  - 5.9.2 任免文件不规范 ……………………………… 128
  - 5.9.3 层级关系错误 ………………………………… 129
- 5.10 大事记问题 ……………………………………… 130
  - 5.10.1 选材问题 …………………………………… 130
  - 5.10.2 表述问题 …………………………………… 130
  - 5.10.3 名称问题 …………………………………… 131
  - 5.10.4 时间问题 …………………………………… 132
- 5.11 法规文件问题 …………………………………… 133
  - 5.11.1 文件名称不规范 …………………………… 133
  - 5.11.2 文件号不规范 ……………………………… 133
  - 5.11.3 发文日期错误 ……………………………… 134
- 5.12 调研文选问题 …………………………………… 134
  - 5.12.1 占用篇幅过多 ……………………………… 134
  - 5.12.2 参考文献不规范 …………………………… 134
  - 5.12.3 收录时效错误 ……………………………… 135
- 5.13 附录问题 ………………………………………… 136
  - 5.13.1 收录年鉴主体内容 ………………………… 136
  - 5.13.2 该入附录的未收录 ………………………… 136
  - 5.13.3 不应编排章节序号 ………………………… 136
- 5.14 文字问题 ………………………………………… 137
  - 5.14.1 词语表述不规范 …………………………… 137

5.14.2 易错字词辨析 ·· 137
5.14.3 其他文字错误 ·· 142
5.15 质检常见差错 ·· 144
5.15.1 文字（图片）差错 ·· 144
5.15.2 符号差错 ·· 145
5.15.3 格式差错 ·· 146
5.16 封面和图书书名页问题 ·· 147
5.16.1 要素缺失 ·· 147
5.16.2 信息不规范 ··· 147
5.16.3 信息不一致 ··· 148
5.17 文前及排序问题 ·· 149
5.17.1 文前名单问题 ·· 149
5.17.2 编辑说明问题 ·· 149
5.17.3 编排顺序问题 ·· 150

附录：相关规定 ·· 151

年鉴编纂出版名词术语 ··· 151
全国年鉴编纂出版质量检查推优方案 ································ 179
地方综合年鉴编纂出版规定 ··· 185
关于地方综合年鉴编纂出版若干问题的补充规定 ················· 192
图书质量管理规定 ·· 198
图书编校质量差错判定和计算方法 ··································· 202

新闻出版保密规定 …………………………………… 213

图书、期刊、音像制品、电子出版物重大选题备案办法 … 217

地图管理条例（节选）………………………………… 223

使用文字作品支付报酬办法 …………………………… 230

国家新闻出版广电总局　财政部关于加强新闻出版中央
　财政资金项目支付个人报酬事项管理的通知 ………… 234

参考文献……………………………………………… 238

1 年鉴基础知识

1.1 什么是年鉴

1.1.1 年鉴的定义

年鉴是指全面记述事物年度发展、逐年编纂、连续出版的资料性工具书（刊）[①]。

1.1.2 年鉴的定位

1.1.2.1 特殊的媒介类型

所谓媒介，是指传播信息的介质，通俗地说就是宣传平台，能为信息的传播提供平台的就可以称为媒介。大家熟知的传播媒介有报纸、期刊、广播、电视、互联网等，也有其他传播媒介，如受众范围及请求目标有限的信函、传单、包装纸、橱窗等。

---

① 许家康. 年鉴编纂出版名词术语[M]//王守亚. 年鉴论坛：第六辑. 北京：长城出版社, 2015.

年鉴反映上一年的重要信息,逐年出版,其时效性强于一般图书,性质接近或定位于期刊。我国在20世纪80—90年代年鉴快速发展期创办的年鉴大多为期刊(年刊),如《中华人民共和国年鉴》《中国百科年鉴》《中国出版年鉴》《中国财政年鉴》《中国税务年鉴》,后期以年度图书形式出版的较多。年鉴具有年度特点、资讯价值,强调年度总结和发布功能。尤其是近年来,随着互联网信息技术的发展,年鉴电子版、网络版开始逐渐普及,其网络媒介的特质也在逐渐显现。

1.1.2.2 优质的文献资源

文献资源主要指的是图书、报刊等书刊类产品,是信息资源的一种更优化、系统化、成熟化的信息,是相对于天然资源的一种社会智力资源,是物化了的知识财富,是收集保存下来的文献总和。

年鉴有图书的形式和工具书的性质,是信息的最佳载体。其内容多层级、全面、权威,不但有一次文献、二次文献和三次文献,还有思想信息、实践信息、政策信息和人文信息等,是信息的集大成者。年鉴的优势在于具备信息源的综合性与丰富性。

1.1.2.3 重要的历史典籍

年鉴是对当下事件、信息、状况的现实记录,若干年之后,年鉴即形成一段历史记载,年鉴作为书刊也成为历史典籍。年鉴的价值不仅在于记录当时,更在于能够传承未来,发挥传承久远的作用。它是对历史的梳理和记载,更是对后人后世的借鉴和指导。读者可以用很短的时间在思想上经历数年变迁，丰富阅历，增长智慧，提高分析问题和处理问题的能力。越是历史久远，年鉴越有它的历史价值，并且会随着时间的推移而更加厚重。

1.1.2.4 丰富的数据库

在当前数字化快速发展的时代，年鉴的数据有其独特的优势。因为年鉴的数据是权威、全面的，也是具有延续性的。年鉴的数据不是碎片化的数据，而是一种体系化的、系统化的数据；年鉴数据不是短时期的数据，而是长期的数据。这些特点决定了在这个大数据时代，年鉴的作用不仅不会被削弱，而且还会增强，很有可能成为其他数据库的数据来源。从这一层意义上来看，在大数据时代，年鉴数据宝库的价值会更加彰显。

1.2 年鉴起源与发展

据研究发现，年鉴由具有漫长历史的古历书逐渐演变而来。

现存最早的一本历书在大英博物馆收藏，书中注明的年代是公元前13世纪古埃及拉美西斯王朝时期[1]，已经具有早期年鉴的一些特征。它除了记有年月日外，还用黑色和红色表示该日是主凶还是主吉，还注有多种宗教节日。我国殷墟出土的甲骨文（公元前17世纪至公元前11世纪）中，也刻有天文、气象

---

[1] 杨永成.西方年鉴的起源与发展[OL]. (2011-01-23)[2024-08-11]. https://www.yearbook.cn/?p=18&a=view&r=29.

等自然现象以及它们与生产实践、出兵、祭日有关的文字，成为原始百科全书式的编年体记事载体。这些原始宗教文化与古代农业文明，以及人们对自然现象的认识和生产技术的发展，孕育了"年鉴"这种文献类型的最初原始形式。

从16世纪起，历书开始向年鉴过渡演变。年鉴作为一种信息载体，随着商品经济的发展而发展，并随着各门学科的发展、分化，种类越来越丰富，分类越来越细密，功能越来越多样，逐步成为记录许多专业学科年度进展的资料性出版物，成为社会进步和科学发展不可或缺的工具书。

1.2.1 西方年鉴的起源与发展

现代意义上的年鉴起源于欧洲。从16世纪开始，随着欧洲社会生产力的发展，特别是商品生产的社会化，资本对国内国际信息的需求日益迫切，信息成为商品经济赖以生存和发展的重要条件。从16世纪到19世纪，德、英、法、意等国出版了大量年鉴，形式愈加灵活多样。年鉴也随着欧洲移民越过大西洋，来到美洲大陆，顽强地生存下来。它也像早期美洲开拓者一样，不断开拓表现内容的新领域。仅17-18世纪，美国就有近2000种年鉴出版。19世纪后期，美国和英国分别出现了一些至今仍具有重要影响的综合性年鉴。例如：美国在1868年创刊的《世界年鉴》是美国最畅销的书之一，是图书馆和家庭必备图书，到1990年，其累计销售量已达5400万册；英国在1868年创刊的《惠特克年鉴》，1868卷累计印刷6万余册，现在仍然在其网站上有复制版本销售①。这些年鉴已成为欧美各国政治、经济、科学、技术、文化发展的忠实记录者和颇为珍贵的资料库。

20世纪初期（第一次世界大战后），西方各国的年鉴处于平衡发展时期，一些主要年鉴继续出版，一批重要年鉴新创刊，如《美国百科年鉴》（美国，1923年），《朝日年鉴》（日本，1924年），《欧罗巴年鉴》（英国，1926年），《不列颠百科年鉴》（英国，1938年）等。

20世纪中期（第二次世界大战后），英国、美国、德国、日本等国年鉴的发展又进入一个新阶段。特别是日本的年鉴，在这一时期尤为突出。日本是明治维新以后才开始传入年鉴，但引入后发展极其迅速。据统计，从1939年至1964年这25年间出版的年鉴就有2800种②之多，人均拥有量已高于美国。日本还称得上是最善于利用年鉴的国家之一，不仅各县都有自己的年鉴，而且许多大工厂、企业也有自己的年鉴；不仅在政治、经济、科技、文化、教育各领域有年鉴，在各个行业也分门别类地编辑专门年鉴，如在食品工业方面，连调味品、红肠之类也有专门年鉴，还有家具、汽车、超级市场等年鉴，名目繁多。

20世纪中后期以来，不但许多国家编辑出版综合性和专业性年鉴，不少国际性的机构也出版各类年鉴。如联合国有《联

---

① 张恒彬. 国外年鉴选介[M]. 北京，社会科学文献出版社，2018：41.
② 祝民. 近现代日本年鉴的发展给我们的启示[J]. 辞书研究，1995(4)：154-155.

合国年鉴》《联合国司法年鉴》《人权年鉴》《国际教育年鉴》《贸易年鉴》《联合国统计年鉴》；世界卫生组织有《世界卫生统计年鉴》；联合国粮农组织有《谷物统计年鉴》等。

西方年鉴发展至今，内容呈现以下特点：一是针对性和专业性强，尤其是专业年鉴，主要注重本国甚至世界范围内本系统本行业的信息；二是以信息和资料为主，综合年鉴更具有平民性、实用性、科普性；三是编排版本多样化，满足了各类人群的需求。另外，西方年鉴编纂方法经过长期磨合，逐步走向成熟，涌现出很多知名年鉴。这些年鉴读者认可度高，发行量大，已成为西方人们生产生活不可或缺的一部分，在西方社会营造了很好的年鉴意识与氛围。此外，西方年鉴近年网络化发展进度加快，例如：出版电子版年鉴，有的年鉴甚至全部以电子版替代纸质版；建立专门的年鉴网站，读者可以在网站讨论、留言、听音频、看视频等；建设数据库，提供网络在线信息和相关统计资料。

1.2.2　中国年鉴的起源与发展

汉语"年鉴"一词作为文献名称最早出现在北宋官修书目《崇文总目》中著录的《年鉴一卷》。

清末民初，伴随西学东渐潮流，西方年鉴开始传入中国。中国年鉴由最初翻译和模仿西方年鉴起步。中国第一部年鉴是1864年（清同治三年）出版的《海关中外贸易年刊》，是洋人把持大权的中国海关总税务司主办的。中国人自己编的第一部年鉴是1913年由上海神州编译社编辑的《世界年鉴》。

20世纪30—40年代,中国年鉴出版数量逐年增多,内容涉及经济、统计、财政、金融、内政、外交、司法、劳动、教育、图书、文艺、电影、美术、卫生、交通等各个方面。据不完全统计,此时期我国出版的年鉴近200种,其中绝大多数为专业性年鉴,占总数的80%以上。

1949年10月到1978年12月这一时期出版的年鉴有:新中国成立后第一部综合性年鉴——天津进步出版社的《开国年鉴》(1950年创刊),大公报社的《人民手册》(1950年创刊),世界知识出版社的《世界知识年鉴》(1953年创刊),以及只出版了一二期的《中国摄影年鉴》和《中国体育年鉴》。"文化大革命"期间,这5种年鉴全部停刊,我国年鉴事业出现了长达15年的空白。

1978年12月党的十一届三中全会以后,我国年鉴事业迎来灿烂的春天。1979年,邓小平同志在拨乱反正、百废待兴之时指出:"编辑出版年鉴,很有必要,这是国家的需要,四化建设的需要。"从1980年起,全国各类年鉴如雨后春笋破土而出,以惊人的速度迅猛发展。1980年,《中国百科年鉴》《中国出版年鉴》《中国历史学年鉴》《世界经济年鉴》《自然杂志年鉴》等年鉴相继出版;1981年,《中华人民共和国年鉴》《中国经济年鉴》等年鉴创刊,共计20余种;1984年,全国共出版年鉴62种;1985年达84种;1992年达到522种;2001年增至1300多种。据《中国年鉴概览》统计,截至2003年12月,全国共出版年鉴（包括个别手册、年报等）2280种。[①]。可以说，改革开放、社会政治民主化的不断深入促进了年鉴事业的蓬勃发展。

2006年5月，国务院颁布实施《地方志工作条例》后，又催生了一大批综合性年鉴。至2009年，国内公开发行的能够正常出版的年鉴数量增加到3000多种；至2013年底，累计出版各级各类年鉴6200多种。[②]2015年，国务院办公厅印发《全国地方志事业发展规划纲要（2015—2020年）》，明确提出到2020年"实现省、市、县三级综合年鉴全覆盖"，这为地方综合年鉴的发展提供了难得的历史机遇。年鉴事业又迎来蓬勃发展的新时期，目前全国各省、市、县基本都有了自己的年鉴，全国各类各级新年鉴不断涌现。

截至2024年6月，仅中国知网年鉴库就收录年鉴5000多种。据估算，目前中国各类年鉴种类达万余种。全国主要的学科和业务部门基本都已有全国性专业年鉴，省级年鉴全部出版，各主要城市也都有了年鉴，县、区年鉴更是持续问世。从中央到地方，年鉴的编纂出版覆盖全国，形成了一个巨大的信息库。毫无疑问，中国已跻身世界年鉴大国的行列。

中国年鉴与西方年鉴相比，其编纂特点和差异主要体现在

---

① 张子忠.年鉴创新、年鉴属性及其功能作用与自主知识产权刍议[OL].(2011-10-20)[2024-08-11].http://www.hprc.org.cn/gsyj/yjjg/zggsyjxh_1/gsnhlw_1/sjgslw/201110/t20111020_162620.html.

② 许家康.创新是年鉴事业发展的战略性选择[J].史志学刊,2015(6):108-111,117.

以下三方面。

功能定位方面：中国年鉴作为行政区域自然和经济社会发展情况的"年度资料性文献"，其基本功能定位是记录和反映一个领域或地区的发展状况。相比之下，西方年鉴可能更加注重提供全面的信息和深入的分析，以满足不同用户的需求。

内容与编纂体例方面：中国年鉴多采用条目体编写，而西方年鉴在体例上既有条目体又有文章体，且以文章体占据多数。这种差异体现在西方年鉴更加注重文章的叙述和内容的深度，而中国年鉴则更侧重于条目的罗列和信息的快速传递。

运作和管理方式：中国年鉴出于对年鉴功能与定位的认识，大多由政府机构牵头组织编写，出版经费依靠财政支持居多，导致"官书"一家独大，缺乏来自市场的压力。西方年鉴基本是依靠市场来进行运作，大多是依靠出版社、行业协会等机构，从年鉴的选题策划、约稿、编撰、出版、销售，都是根据市场需要而产生的经济行为。

这些差异一方面表明了中国年鉴在记录时代发展、提供权威信息方面的独特价值；另一方面也反映出中国年鉴在内容创新、展现个性特色、彰显使用价值方面还有提升空间。

1.3　年鉴的性质和作用

1.3.1　年鉴的特点与性质

年鉴具有区别于其他出版物的属性、特征和功能定位。

1.3.1.1 年度性与连续性

从年鉴出版周期来看,年鉴收录上一年度的信息资料,按年度连续出版。

年度性:年鉴姓"年",选题选材以年为限,时间跨度为1月1日至12月31日,一般不追溯历史,对未来也不作展望预测。突出年度特点,强调常编常新,以新鲜活泼、赋予时代特点的内容来提高信息价值,吸引读者。

连续性:即编纂的连续性、出版的连续性和使用的连续性。编纂出版连续性:年鉴作为年度性的资料工具书,应该做到自创刊起,按年度每年编纂出版,既不能漏缺,也不应该将若干年度合并为一卷出版(不包括将若干卷已出版的年鉴整合为合订本重新出版的行为)。使用的连续性:一方面体现在读者为满足其需要若干年连续使用年鉴;另一方面体现在图书馆等机构收集、整理年鉴时应保持连续性。

1.3.1.2 权威性与真实性

年鉴由一定地域或行业内的行政或管理机构组织编纂,其收录的信息为"第一手"资料,内容、数据可靠。因其只收录上一年度的资料,这些资料是事后的客观记录,经过一定时间的沉淀,较为清晰易辨,更加全面、真实、准确,如年鉴的各项统计数据,一般不采用有关部门的"快报数",而是采用经过核实和调整的"决算数"。

1.3.1.3 史料性与时效性

年鉴逐年编辑出版,具有连续性和积累性,尤其是对重要文献资料、原始信息、数据的记载，加强了它的史料性。年鉴出版周期短，其内容着重反映上一年度发生的重要事件、新颁布的法规文件、新的统计资料等，与其他工具书相比，年鉴的时效性更强。

1.3.1.4 工具性与参阅性

年鉴与普通书刊相比，具有收录广泛、内容概括、信息密集、资料浓缩、功能齐全等特点，还具有资料完备性、系统性、便检性等工具书属性，是一部汇集上一年度资料的大型工具书。同时，年鉴可以提供横可比、纵可鉴的信息资料，供读者查阅、参考、借鉴，这也是编辑出版年鉴的目的所在。

1.3.2 年鉴的价值与作用

1.3.2.1 媒介价值，可发挥多方展示和横向交流的作用

年鉴全面记录地域、行业、单位的工作发展情况，具有年度发布功能，可以展示工作业绩、机制创新、发展成果。便于横向单位之间彼此了解、相互借鉴。

1.3.2.2 历史价值，可发挥积累史料和传承文化的作用

年鉴是编年体的史册，其逐年记录的资料信息随着年度的累积会成为珍贵的历史资料。年鉴的框架结构、篇目设置是基本稳定的，其内容上下衔接，通过比较分析，可以看出各领域、各行业的历史发展脉络。年鉴记录过去、借鉴现在、启迪未来，揭示事物发展趋势，对于历史文化教育及传承、发展，更好地开创未来，有着不可替代的作用。

1.3.2.3 导向价值，可发挥决策参考和战略指南的作用

年鉴既有历史，又有现状；既有取得的成绩、典型经验，也有薄弱环节及新出现的问题；既有重要文献资料，也有具体的统计数据。这些资料和数据对于指导一个地区、一个部门按照客观规律工作起着重要作用，同时也能为各级领导科学决策提供客观依据。

1.3.2.4 学术价值，可发挥调查研究和科研参考的作用

年鉴及时反映各学科的难点、热点、关注点，阐述新理论、新方法、新观点，是科研人员确定研究课题、收集相关资料的重要参考工具。年鉴中的大量权威数据和翔实资料，为调查研究相关领域问题提供宝贵线索和重要佐证，为开展科研工作提供重要信息，提升了研究的科学性和说服力。

1.4 年鉴的类型与形成

1.4.1 年鉴的类型

从内容或形式上对年鉴特征进行概括、归并所形成的年鉴分类。如从内容上着眼，年鉴可分为综合性、专业性等类型；从载体形式上着眼，年鉴可分为书本型、电子版、网络版等类型。

1.4.1.1 综合性年鉴

全面收录多个领域基本情况和基本资料的年鉴，其主要特点是"大而全"。综合性年鉴按照其反映的地域，又可分为

国家综合年鉴（如《中华人民共和国年鉴》）、地方综合年鉴（如《北京年鉴》《广东年鉴》）等。

1.4.1.2 专业性年鉴

专门收录某个特定专业领域或部门、行业、企事业单位基本情况的年鉴，其主要特点是"专而深"。专业性年鉴按照其反映对象和涉及的范围可分为学科年鉴（如《中国社会科学年鉴》《中国哲学年鉴》）、行业年鉴（如《中国林业和草原年鉴》《中国税务年鉴》）、企事业单位年鉴（如《中国机械工业集团年鉴》《宝钢年鉴》）等。

1.4.2 年鉴的形成

从零散资料到一本有序的年鉴直至在读者手中成为有用的资料这一过程，也就是年鉴的形成过程。这一过程也是年鉴使用价值的实现过程。其流程如下：

原始资料→撰稿人→编者→年鉴→读者

原始材料经过撰稿人的分析、归纳、综合、集中、概括、总结和提炼，去粗取精、去伪存真，再经过编辑的加工和规范，成为一部编排合理、资料可靠的年鉴。而年鉴若要实现其最终价值，还有最后一个传播环节——读者的使用，即年鉴被利用的实效信息内容和信息量。读者关注度越高、使用量越大，越能体现年鉴的价值作用。

1.4.3 年鉴的体例

年鉴体例是年鉴组织形式和编纂规范的统称，包括框架设计、选题选材、条目编写和成书加工规范等。年鉴编纂体例又分为"条目体"和"文章体"。"文章体"是总结、报告、公文等材料的直接表现。条目体的好处是摆脱了文章的"程式",对复杂的事物加以条分缕析,提炼出重要主题,列为细目,并用条目标题加以显示,然后科学排列,便于查找检索。年鉴采用条目体较为普遍。

框架设计是年鉴基本内容结构体系的构建过程。需要遵循的主要原则包括系统性、个性化和与时俱进。基本要求是有较高的概全率,从实际出发设立独具特色的篇目,合理安排信息资料。

选题选材是从题材的社会价值和存查价值出发,着重择新择特、择大择要、求真求实,力求可查可用。程序方法主要是在详细占有材料的基础上,着重抓热点、抓重点、抓特点,并加以提炼、概括、归纳和汇辑。

条目编写是年鉴内容体裁的选择,即以条目作为年鉴主体内容的基本表现形式和基本寻检单元。一般采用简明的记叙体或说明体,着重记述年度客观事实及相关信息,资料性强,信息密集。

成书加工规范是按照一定规范进行编辑加工,统一体例,符合出版要求。

1.5 年鉴现状及发展趋势

1.5.1 综合性年鉴基本情况

1.5.1.1 综合性年鉴反映的内容

综合性年鉴指全面收录多个领域基本情况和基本资料的年鉴，内容涵盖各个社会领域和广泛的知识领域，是囊括传统学科、新兴学科、前沿学科、交叉学科、冷门学科等诸多学科，全方位、全领域、全要素反映所涉及地域年度情况的年鉴。

1.5.1.2 综合性年鉴种类划分

综合性年鉴依其反映的地域，又可分为国家综合年鉴和地方综合年鉴。

国家综合年鉴的内容以丰富多彩为特征，没有特别限定的主题分类，是在围绕领域内所有方面收录信息的基础上编成的年鉴，如《中华人民共和国年鉴》。

地方综合年鉴是系统记述本行政区域自然、政治、经济、文化、社会等方面情况的年度资料性文献，包括以省（自治区、直辖市）、市、县、特区、开发区等地名命名的年鉴，如《上海年鉴》《广西年鉴》《苏州年鉴》《广州年鉴》《越秀年鉴》《浦东年鉴》《萧山年鉴》等。近年来，地方综合年鉴发展很快，已基本实现省、市、县三级综合年鉴全覆盖目标。

1.5.1.3 综合性年鉴编纂特点

综合性年鉴编纂特点体现在以下四方面：

（1）资料的权威性。具有政府公报性质，内容材料可靠、简单明白，事实数据准确翔实、客观公正、准确无误。

（2）资料的完备性。所提供的资料全，包含年度内本区域应涉及的全部资料，涵盖基本的、主要的、典型的资料。

（3）资料的系统性。把众多部门、系统的文献资料按便于查阅的形式加以有序编排，体现出年鉴条目体的特征。

（4）资料便于检索。汇集的资料规模大，便于检索，充分发挥信息资源和数据库的作用[①]。

1.5.1.4 综合性年鉴发挥的作用

综合性年鉴系统记述本行政区域自然、政治、经济、文化、社会等方面的情况，其资料性工具书的属性更加突出，肩负着"知往鉴来、服务现实、保存史料、惠及后人"的重要使命，其使用价值主要表现为以下四方面：

（1）存史价值。综合性年鉴作为一种系统性、连续性史册，其存史功能可以说是"与生俱来"的。年鉴一年一记，和传统的志书有很大差异，所记载的事物往往更详细、更具体和及时，可以很好地体现当年度行政区域内政治、经济、文化等各方面的情况。年鉴资料的权威性和丰富性也为修志工作提供了丰富的素材。各个部门在撰写志书文稿时，年鉴是重要的参

---

① 杨卓轩.浅论地方综合年鉴编纂特点及要求[J].史志学刊，2013(5):3-5.

考资料书。

（2）资政价值。记叙上年度有关区域的功过是非、成败得失和经验教训，可为执政者总结过去、分析现状、展望未来提供借鉴，对领导决策有重要参考价值，尤其是区域在任、新任领导，可以从年鉴中整体了解本地区的经济状况、自然资源、历史文化、民俗特点，为决策提供科学的依据。

（3）宣传推广作用。记录区域的全面情况，既是自身形象的展示，也是很好的宣传平台，可以使社会各界及时掌握区域工作动态，了解最新区域政策，从而更好地支持区域工作。对于投资者来说，年鉴也是极好的参考指导资料，可以帮助一些外地投资商了解区域经济社会发展的全面情况，熟悉当地的投资环境。

（4）服务社会作用。记载内容是当地社会发展的真实写照，也是人们了解当地社会发展的媒介。其刊载的资料、信息、数据可以很好地为区域经济、社会、文化建设服务；其贴近民生的社会信息，反映民生所需，为读者所想所用，可以很好地为公众服务。

1.5.2 专业性年鉴基本情况

1.5.2.1 专业性年鉴反映的内容

专业性年鉴指专门收录某个特定专业（学科）领域或部门、行业、企事业单位基本情况和基本资料的年鉴。主要是由中央和地方政府各部门或专业协会、学会、团体等主办，其功能与综合性年鉴基本相同①。

专业性年鉴以全面、系统、客观记载专业（学科）领域的发展情况、技术应用、取得的成就等为主要内容，反映某一专业（学科）领域的最新研究成果、专业新动向，是逐年编纂、连续出版的资料性工具书。

1.5.2.2　专业性年鉴的种类划分

专业性年鉴如果按层级分，可以分为中央级年鉴和地方级年鉴。如果按内容或编纂单位分，可分为学科（学术）年鉴、部门年鉴、产业（行业）年鉴、专题年鉴和单位（企业）年鉴等。

目前我国大多数专业领域都有了自己的年鉴，据2008年统计，我国的专业性年鉴有300多种②。至2017年，全国专业性年鉴已超过3000种③，约占全国年鉴总量的30%。据国家图书馆统计，带"中国"字头的专业年鉴就有500多种，其中延续性较好的有300多种。根据知网年鉴库2024年统计，带"中国"字头的专业年鉴就有700多种。④可以说，专业性年鉴在近年来有了长足发展，在整个年鉴发展中占有越来越重要的地位。

1.5.2.3　专业性年鉴的编纂特点

（1）资料权威。集本行业、本系统资料之大成，其资料事

---

① 杨卓轩.浅论地方综合年鉴编纂特点及要求[J].史志学刊，2013(5):3-5.
② 邵权熙.行业年鉴理论与实践[M].北京：线装书局，2009.
③ 何蕊，邵权熙.论新时代专业年鉴的发展特点[J].中国年鉴研究，2018.
④ 数据来源：根据知网年鉴库整理统计，https://navi.cnki.net/knavi/yearbooks//index?uniplatform=NZKPT。

实和数据权威准确，选材严格、翔实可靠。

（2）编排系统。收录本专业（部门、学科）各方面的相关信息，因本领域内相对稳定，信息资料分类系统、全面、严谨。

（3）专业突出。主要记述本专业（部门、学科）的最新技术、最新成果和最新进展，内容专业性强。

（4）特色鲜明。集中反映一个特殊领域的信息资料，具有鲜明的专业（学科）特色和时代特点。

1.5.2.4 专业性年鉴发挥的作用

专业性年鉴脉络清晰、系统详尽，是了解一个专业、分析经济政策效果、预测专业走向最重要的工具书之一，已成为国内外研究中国各专业领域的重要渠道。专业性年鉴因其与关系国民经济的各个业务部门紧密结合，总结专业领域历史数据，记录专业领域发展历程，对于助推专业发展能够发挥重要作用。专业性年鉴与国家经济建设的现实联系最紧密，是高密度、高容量、高效能的知识信息的结晶体。这些结晶体连接起来就是对各专业领域系统而完整的阐述，是当代中国各专业领域的独特指南，即"集知识、信息、数据、资料于一身"的多元化信息源。从功能作用的角度看，专业性年鉴可发挥五个方面的作用：

（1）提供综述、回溯及预测性资料。综述性资料是由熟悉本专业情况的专家在占有大量的事实、文献、数据的基础上，经过归纳、综合、研究之后写出的，可使读者系统地了解专业的发展概况[①]。

（2）提供专业的动态信息，如专业工作大事、专业理论动态等。

（3）提供专业领域内的重要法规、文献及其线索。如查阅有关重要法规、重要报告及有关政策规定，查阅专文和专题论述，查检有关专业方面的图书、报刊、论文资料等。

（4）提供逐年可比的数据资料。如基础数据、统计资料等。

（5）提供实用性指南，如各类组织机构和名录等。

1.5.3　年鉴内容创新和媒体融合

在数字技术快速发展的今天，作为记录社会、经济、文化、政治信息的年鉴也在加快创新的脚步。2004年，中国版协年鉴研究会与北大方正电子有限公司合作建设中国年鉴资源全文数据库。此后，全国不少年鉴走上传统出版和新兴出版的融合发展之路。截至目前，国内大多数年鉴通过自建数字库、发展网络年鉴或通过知网等社会化数据平台，实现了年鉴的媒体融合发展。

互联网信息技术也为年鉴创新提供了技术支撑。信息化技术与年鉴各类职能对应，以流程、规程和模板等形式，融入年鉴信息系统中，贯穿年鉴管理体系，实现年鉴工作信息化，为整个"年鉴价值链"提供支撑，进而确保年鉴价值的实现。具

---

① 郑维桢.总结经验　狠抓质量　努力推动新时代中国年鉴事业新发展 [D/OL].(2018-09-19)[2019-05-21].中国年鉴网，http://www.yearbook.cn/?p=15&a=view&r=561.

体体现在以下三方面。

首先,"互联网+"发展趋势下的年鉴内容信息化创新发展。通过扫描二维码附加声音、图像、视频等形式使年鉴内容丰富多彩,生动立体。年鉴资源数字化建设不断推进,年鉴库开放数据、共享信息、提供查阅,让更多读者分享年鉴"数据红利";网络年鉴的开发,推动年鉴记载信息转化为展示成果,把服务项目逐步向自助服务终端移植。此外,多种形式的拓展阅读,微鉴、掌上年鉴、全媒体年鉴等创新融合出版方式,提升年鉴使用效果,使年鉴服务经济发展、满足群众需要的效用不断增强。

其次,年鉴编纂工作充分利用先进的互联网技术,创新年鉴编纂模式,提升年鉴的出版时效。有的年鉴编纂单位开发了协同编纂软件,为各组稿单位统一安装,利用互联网通信平台实现年鉴的在线组稿和编辑;有的创新编纂能力,通过网络信息技术,实现在线的案例化培训、供稿、总纂、编务管理等在线协同,提升年鉴编辑部的工作效率。在线编辑成为"互联网+"时代年鉴编纂的大势所趋,有条件的年鉴编纂单位已经在这些方面加大人力和财力的投入,努力实现年鉴编纂与互联网的跨界融合。

最后,创新应用技术,提升年鉴传播的能力。在互联网的"移动阅读"技术背景下,在年鉴内容"数字化、结构化"基础上,以易用性为目标,为不同类型的用户提供精确的、个性化的数字内容,扩大年鉴用户群及发行量;通过用户阅读习惯分析，发现用户类型与年鉴内容结构（框架）之间的组合关系，了解读者偏好和需求，为年鉴设计衍生产品提供可靠的依据。

1.5.4 年鉴编纂存在的问题

经过多年的发展，年鉴在取得骄人业绩的同时，也暴露出一些不足，主要表现在以下几个方面。

1.5.4.1 专业理论知识不足，"官书"痕迹明显

年鉴的专业性要求较高，年鉴撰稿、编辑加工与图书、期刊有着很大不同。缺乏年鉴理论知识的支撑，年鉴的专业发展就会出现问题。例如：有些年鉴编纂方向出了问题，把年鉴方志化，办成"存史备查"的"官书"；有的年鉴编辑虽然文字功底扎实，对专业的发展动向明晰，但在年鉴编辑理论上有认识误区，导致年鉴在编辑表现形式上产生偏差。

由于年鉴的创办者或其主管部门以及供稿单位大多数为政府机构、团体组织等，年鉴撰写者也大多是公务员或事业单位工作人员，年鉴内容带有工作总结的痕迹，以记录和宣扬政绩为宗旨，着重记述党政机关的日常工作、事务等，为此，很多年鉴有着较为明显的"官书"属性。

1.5.4.2 规范与创新不够，质量有待提高

年鉴总体质量是好的，近年涌现出许多品牌年鉴。但也存在一些问题，总的表现是规范与创新不够。在一些方面还有提升或改进的空间。主要表现为以下几点：

（1）框架设计缺乏灵活性。年鉴的框架结构应该在保持相

对稳定的基础上，依据年度内的事物变化情况作出适当调整，这也是年鉴常编常新的需要。对照来看，许多年鉴框架结构年复一年却从未变化，导致对年度内的焦点、热点问题反映不够，缺乏深层次的记载，表现为形式单一、资料性不强、检索性不强、实用性不强等问题。

（2）条目编写不够规范。年鉴条目编写要求类型齐全、安排适当、方便检索；条目内容要以事实为主体，信息密度大，避免工作总结式写法、内容空泛肤浅；条目标题要主题突出，具有时代及专业特色且准确规范。但从已出版的年鉴来看，许多年鉴还达不到以上要求，如条目类型混杂、标题过长、正文事项罗列等现象还依然存在。

（3）内容出现各样差错。年鉴编纂的基本要求是文字通顺，表达准确、简练、生动，形式新颖、形象，数字、计量单位统一无误，标点正确，无错别字，图表数据完整清晰，版式设计合理。目前，从全国年鉴编纂质量检查推优情况来看，"出版硬伤"还是比较多的，如有的知识性差错明显，有的错别字频现、标点符号滥用等。甚至有些曾经质量较好的年鉴，在内容和编校方面也出现这样那样的错误。

1.5.4.3 出版时间滞后，数字化转型缓慢

许多年鉴无法做到当年年鉴当年出版。读者看到的其实已经是前年的信息，信息时效性已经大打折扣，只具备"存史"的功能。以中央级年鉴为例，能够做到当年出版的年鉴寥寥无几。究其原因，与年鉴内容庞大、信息含量多、组稿困难、编

写人力不足等原因密不可分。年鉴的出版如同木桶效应，任何一个参编单位的迟滞都会拖延整部年鉴出版的时间。

随着互联网技术的迅猛发展和全面普及，我国传媒业也随之进入了媒体融合时代。作为传统媒体，虽然许多年鉴在做网络化、电子化的尝试，但依然以纸质版年鉴为主，还没有实现数字化转型，表现在网络化传播不足，能够实现掌上阅读、网上阅读的年鉴少之又少。

1.5.4.4　编纂队伍不稳定，编写水平参差不齐

年鉴编纂队伍总体呈现个人素质较高的特点，表现为学历高、年轻化、业务能力和文字能力强。但撰稿人员大多不是专职岗位，有的甚至从来没有接触过年鉴，也没有接受过专门的年鉴业务工作指导，这势必会在一定程度上影响年鉴的编纂质量。有的编纂部门由于领导对年鉴工作的认识不到位，关心支持不够，导致编辑人员的待遇、职称等问题没有很好地解决，这些对稳定年鉴的编辑队伍十分不利。

1.5.5　年鉴的发展趋势

1.5.5.1　提升产品质量，打造品牌年鉴

（1）借助政府力量，建立强有力的组织。完备的组织体系及有序的流程可以确保年鉴工作的顺畅开展。如专业年鉴有管理层级高的优势，大多建立了年鉴编辑委员会、特约审稿人、撰稿人、特约联络员、编辑部等架构，由主要领导担任编委。有的年鉴编辑委员会已发展成为有百人规模的高层次组织。编

辑委员会每年定期召开会议，主管年鉴工作的编辑委员会领导出席，听取上年度年鉴工作汇报，审定下一年度年鉴编纂大纲，为下一年度年鉴工作提出指导性意见。另外，每年都召开年鉴工作会，传达编辑委员会精神，总结上年度工作，布置下一年度年鉴工作。通过编辑委员会会议以及一年一度的年鉴工作会制度保证了年鉴工作的顺畅运行，确保年鉴的高质量、高效率、高覆盖面。

（2）发挥专家优势，做好年鉴总体设计。年鉴总体设计包括框架设计和装帧设计，这关乎年鉴的内在品质和外在形象，即品相。要想在众多年鉴中脱颖而出，也要颜值（品相）出众。尤其是框架设计，它是年鉴系统工程的起点，是成书之本，是编纂工作的规划蓝图和实施方案。这就需要重视年鉴理论先行的重要性。做框架设计时，要考虑是否做到专业特色突出、内容结构合理、资料门类齐全、资料分类科学合理、层次清晰等。年鉴框架设计要坚持稳中求变、稳中求新、稳中求特的原则，随着时代的发展不断调整与改进，架构更趋合理。在调整变化过程中，要充分发挥年鉴专家的作用，根据专家的建议进行改进，对原有资料进行科学分类，实现体例设置越来越科学、层次越来越清晰、内容越来越丰富的目的，保证其科学性、创新性与艺术性，能够较好地体现年鉴的专业性、综合性和权威性等特点。装帧设计方面也要重视，体现出与时俱进的创新精神，如封面要大方得体，适当增加装饰工艺，而内文版式坚持稳定、简洁、规范，有助于读者在赏心悦目的同时静心阅读。

（3）发挥内容优势，狠抓编校质量。只有文稿质量大幅提高，内容更加丰富，编校更加扎实，才能彰显出年鉴的内在价值。强有力的编写队伍才能确保高质量的文稿，这是办好年鉴的基础。要定期举办年鉴培训，引起撰稿人思想重视，促使其撰写水平不断提高。同时，编辑部门要制定报稿明细、组稿细则和编辑标准及范本等规定并逐年修订完善，编辑人员在全刊（书）体例、条目要素、内容及版式等方面逐年加以规范。为确保质量，编辑部门要多措并举，在审稿、编辑环节加强管控。审稿环节增加内容审读（如政治问题审查）、作者审定（重要稿件由作者再次审定）。编辑环节精雕细刻，如对数据、资料进行一一核对，保证年鉴中所有数据在全书的统一性、一致性；对专用词和缩略语进行补充解释；对条目进行梳理，按顺序进行排列并将条目名称按编辑大纲要求进行规范；在校正文字、弥补疏漏、消灭差错、统一标准上狠下功夫。同时注重组稿、撰稿、编辑、出版各工作环节的标准化和时效性，努力打造高质量年鉴。

（4）发挥机制作用，全流程打造品牌年鉴。年鉴的编辑出版既是一项综合性的系统工程，也是一项专业性很强的工作。专业化的出版和规范的工作机制是办好年鉴的质量保证。年鉴编纂工作需要各部门协调配合，各环节有序进行才能保障项目的顺畅运转。年鉴工作要形成比较稳定和规范的工作程序和机制。每年制作年鉴编辑规划，制定编辑计划和编辑出版流程，确保编纂出版工作的质量和时效；从年鉴编辑委员会会议的召开、年鉴编辑大纲的下发，到稿件的组织、协调以及出版时间、发行方式确定等，都要有章可循、有条不紊，进而步入专业化的出版轨道。同时在年鉴实际运作中，提升编纂出版各环节的质效，实施精细化管理。

1.5.5.2 增加年鉴数量，形成规模发展

（1）发展多层级年鉴。围绕主年鉴进行纵向多层级拓展开发，不但有全面展示主区域（专业）情况的主体年鉴，还有反映分支专业或部门、单位或者某一领域的单独年鉴，品种更多，信息量更大。例如：统计系统，在《中国统计年鉴》基础上，出版各省级统计年鉴；税务系统，为地方税务机关提供专业的年鉴出版服务，形成以《中国税务年鉴》为主、地方税务年鉴为辅的多层次专业年鉴系列；地方综合年鉴以省级为主，发展为省、市、县三级全覆盖。年鉴体系逐步扩大的同时，也会随之创造较好的社会效益和经济效益。

（2）细分年鉴品类。在年鉴体现的主领域或主区域基础上进行横向细分，使年鉴的专业内容更加细化和专业化。例如：林草部门，在《中国林业和草原年鉴》基础上，开发了《中国林业和草原统计年鉴》《中国林业产业与林产品年鉴》《中国花卉园林年鉴》《中国家具年鉴》等多种年鉴；机械行业，在《中国机械工业年鉴》基础上，开发《中国农业机械工业年鉴》《中国重型机械工业年鉴》《中国工程机械工业年鉴》《中国通用机械工业年鉴》等细分行业的年鉴；农业部门，在《中国农业年

鉴》基础上，开发了《中国畜牧业年鉴》《中国奶业年鉴》《中国盐业年鉴》等多品类年鉴；上海地区除了以《上海年鉴》为代表的各类综合性年鉴外，还有诸如《上海经济年鉴》《上海文化年鉴》《上海统计年鉴》《上海宝钢年鉴》《上海交通大学年鉴》《复旦大学统计年鉴》《大众生活年鉴》《浦东生活年鉴》等细分领域年鉴。

（3）制作衍生产品。衍生产品是针对主年鉴的内容进行二次开发的产品，如抽取主要内容制作简体本，就某部分内容单独成书等，形式包括年度报告、年鉴简本、地情书籍、各类图册等。例如：《中国林业和草原发展报告》《中国水利发展报告》《中国水文年报》《中国税收季度报告》；《四川历史文化》《武汉市情概览》《广西图鉴》《宁波月览》等。

此外，围绕年鉴品牌建设，还可以组织开展各类活动，如《中华人民共和国年鉴》依托新华社全媒体传播矩阵，打造了"新华对话"融媒体传播平台和"国鉴臻选"品牌赋能平台，积极服务经济社会发展，取得良好成效。

1.5.5.3 实现年鉴数字化，提供全媒体服务

（1）数字化转换。数字化是出版物发展的重要手段和方向。对于信息量大、资料丰富的年鉴而言，数字化便于用户搜索、查询，对海量信息的运用更加便捷。对年鉴进行数字化转换，根据条目进行标识、科学分类，整合内容资源，提供主题检索、在线阅读、定制服务等专业化服务内容，对于更好地体现年鉴的使用价值、历史价值，提高年鉴资料的利用率，具有

十分重要的意义。年鉴经过几十年的发展,每种年鉴均已积累了海量信息,可分析出数量庞大的有检索意义的完整资料主题,这是数字化转换的内容价值优势。为此,可申请专项资金建设年鉴数据库,将主体年鉴及年鉴体系内多种年鉴进行数字化转换,实现数字阅读和检索。

(2)网络化发展。随着互联网的发展,年鉴进入网络时代,网络化发展是年鉴发展的必然趋势。国外许多年鉴出版单位都有自己独立的门户网站,有的把年鉴内容直接搬到互联网上,有的年鉴是纯粹的网络版,其内容和纸质年鉴不相重复,甚至根本就没有出版过纸质年鉴,而只是编写网络年鉴。这是年鉴发展的新形态、新业态,是知识社会创新推动下的互联网形态演进。国内许多年鉴也开始将数字化网络平台开发作为重要发展项目。

(3)全媒体服务。在信息技术应用的日益深化和网络科技的日益普及下,引发阅读方式的深刻变革,阅读的方式日趋多元。一个由传统媒体和新兴媒体相互融合、共同发挥作用的全新发展阶段——信息的获取与传播以及服务的提供开始全媒体化——已经到来。针对年鉴的挑战主要表现为:过去主要利用手工检索方式获取信息,现在对文献的需求逐渐呈现出文献内容、类型、信息形式、信息来源和时间的多样化,文献的质效、重组整合的个性化,文献的时效性、综合性、交叉性的全面化等特征,对二次文献、三次文献需求增加。这对年鉴的信息内容、形式、方法、手段和服务方式等都提出新的要求:一是丰富载体形式，包括音像、电影、网络、手机和手持阅读终端等载体形式；二是全面提升传播和发行技术，除传统的纸质形式外，增加基于互联网络和手机端及流媒体技术等的应用；三是提升信息接收感官的多样性，涵盖视觉、听觉、触觉甚至嗅觉等读者接收信息的全部感官。通过各种渠道互相整合，针对受众的不同需求类型，选择最适合的媒体形式和渠道，实现最佳效果。

2 年鉴编纂工作

2.1 了解编纂工作

年鉴编纂工作是指年鉴编纂的组织管理、人员要求、编纂流程等工作。

2.1.1 年鉴组织建设

发挥组织优势、建立强有力的保障体系是确保年鉴编纂工作顺畅运行的前提。在组织架构方面,建立由年鉴编辑委员会、审稿人、联络员、撰稿人、编辑部等组成的体系,召开相关会议,组织相关培训,建立相关机制,确保年鉴工作顺畅运行。

2.1.1.1 年鉴编辑委员会

年鉴编辑委员会是年鉴编纂的领导机构。主要由组织编纂单位主管领导和参与编纂单位的负责人组成。例如,部委年鉴编辑委员会主任和副主任由部委领导担任,编委由各司局负责人和各省级单位主要负责人担任。

2.1.1.2 审稿人

审稿人主要由撰稿人的上级领导或撰稿单位的上级领导组成。例如,《中国税务年鉴》的审稿人由税务总局各司局领导(主管综合处)和税务系统省局领导(主管办公室或撰稿部门)组成,有的单位的稿件由主管领导和编委共同审定。

2.1.1.3 联络员

联络员主要由稿件组织或撰写部门负责人组成,负责编纂工作的具体安排、组织管理,以及与上下级、平行单位和出版单位的沟通协调工作。例如,部委年鉴的联络员由各司局综合处处长和系统各省级单位办公室(撰稿部门)主任担任。

2.1.1.4 撰稿人

撰稿人是指具体撰写年鉴稿件的人员,主要由供稿单位指定专人负责。撰稿人可以在全书文前以名单形式体现,也可以在每篇文稿后注明撰稿人姓名。

2.1.1.5 编辑人员(编辑部)

各部门稿件撰写后,需要有专人进行收集、整理,对文字进行再规范,对稿件内容进行核实、总纂,从事这项工作的人员称为编辑人员,3人以上可组成编辑部。编辑人员主要由各单位组稿部门文字能力较强的人员组成。独立编纂本单位年鉴的,建议成立编辑部。

2.1.2 年鉴编纂管理

年鉴是一项系统工程。作为年度项目,需要形成比较稳定和规范的工作制度、程序和机制，以有效实现年鉴项目的计划、组织、实施、控制和决策，如从年鉴编辑大纲的下发，到稿件的组织、协调，以及出版时间、方式确定等，都要有章可循、有序安排，才能保证最终完成预期的质量目标。

2.1.2.1 制定编纂方案

编纂方案包括编纂目的说明、指导思想、框架结构（编写大纲）等。编写大纲详细列明篇目（类目）、分目、条目，图片、统计数据等，并提出具体内容和要求。

2.1.2.2 建立组织架构

确定编委会、编辑部等组织机构。联络员、编辑人员、撰稿人员最好能够基本稳定，以确保年鉴编纂质量。

2.1.2.3 制定编写规则

编写规则是编纂工作的根本大法，也是年鉴内容得以统一、规范的最基本要求。编写规则面向所有编纂人员和撰稿人，是新作者的入门培训资料，也是对老作者的基本指导。编写规则是最基础的业务指导工具，制定后可以延续使用，逐年修订完善。

2.1.2.4 做好预算管理

年鉴编纂需要有一定的资金支持，以支付稿酬及审稿、编辑出版等费用。预算基本额度最好能成为年度固定项目，以保证年鉴编制出版的连续性。

2.1.2.5 制定工作制度

工作制度主要是根据年鉴编纂的工作流程划分岗位职责，

提出目标任务，将年鉴的流程、要求、实施与控制阶段工作、任务分解、时间进度管理等固化，以实现科学化管理，高质量完成年鉴编纂工作。年鉴编纂流程如下：

框架设计（编辑部）→审定方案（编委会）→下达计划（单位发文）→组稿、撰稿（撰稿单位）→编辑、审稿（三审制）→发稿（齐清定）→排版、校对（三校一核红）→作者审定（一校后审稿）→印制出版→配送发放。

2.1.2.6 组织培训

加强撰稿人员和编辑人员的培训。坚持每年对年鉴撰稿人、编辑人员集中培训一次。讲解年鉴编写特点及问题，以及写作的具体要求，并把优秀条目作为范文，逐条讲解、点评，使受训者对条目的编写有具体的概念，掌握可操作的方法。培训后开展讨论，提出问题，各责任人解疑释难。还可请一些优秀作者、编辑介绍平时收集资料、重点条目现场采访、掌握全局性资料、精心编写等方面的经验，以现身说法启发大家。另外，可分地区、分部门对新撰稿人、新编辑进行集中的具体辅导。

2.1.3 年鉴编辑特点

年鉴编辑在规范文字、弥补疏漏、消灭差错、统一标准等方面具有一般编辑的特点。此外，因年鉴资料多、来源广、耗时长，有着加工度高、综合性强、形式复杂、系统性强的独特特点。

2.1.3.1 加工度高

年鉴属于工具书类型,在写作规范和篇幅上有严格的要求和限制。且年鉴不同于一般图书,文字特点与期刊相似,有的要删修浓缩、调整结构、重新串联衔接,有的甚至要重写,这无疑增加了编辑工作量和文字加工度。

2.1.3.2 综合性强

年鉴内容涉及面广,是不同意义上的百科全书。年鉴涉及一个区域、一个行业、一个系统的方方面面,编辑需要了解相关动态发展、掌握相关专业知识,才能对内容有较好的把握,否则年鉴难免会出现"伤筋动骨",影响年鉴的内容质量。

2.1.3.3 形式复杂

年鉴由多种文体构成,如图、表、文等。文中又分为文章式、条目式、调研报告式,条目又分为概述式、专题式。还要处理交叉重复关系,各部类篇幅比例关系,年度资料与溯前、溯后关系,等等。

2.1.3.4 系统性强

年鉴是一项系统工程,需要框架设计、组稿、审编、校对、通读、印制出版等多个工序通力配合。年鉴编辑要参与年鉴工艺流程的每一个程序的工作,要充分沟通协调,使各个工序配合好,才能保证年鉴的时效性。

2.1.4 年鉴编辑素质

年鉴编辑在工作中要发挥组织、编写、把关的作用,要具备以下三种能力：

2.1.4.1 辨识学习能力

年鉴编辑需要有去伪存真的把关能力，要对选题、稿件内容起到鉴别作用。这既需要广博的知识和丰富的经验，也需要不断地提升素养，不断积累经验，向书本及有经验的编辑学习，掌握科学缜密的思维方法和编辑规律。

2.1.4.2 组织协调能力

编辑需要与相关人员及单位沟通联系，将各类稿件及时组织上来。同时需要处理好各稿件报送单位遇到的各种问题，需要协调好编辑出版各环节程序的配合，以确保年鉴高质量按时出版。

2.1.4.3 写作和编辑能力

编辑有时需要将收集来的原始资料进行撰写加工，有时需要将已经撰写好的稿件去粗取精后再加工，对文字、语言等加以规范，因此需要具备较强的文字撰写能力和编辑加工能力。

2.2 撰稿流程

2.2.1 布置工作

各撰稿单位根据年鉴组稿通知文件，及时落实年鉴撰稿人，并尽量保持年鉴撰稿人的相对稳定；明确撰写任务、交稿时间和具体要求。

2.2.2 收集资料

撰稿人根据年鉴大纲要求,向相关单位(部门)等收集资料,从中筛选、提炼、挖掘有价值的信息。

2.2.3 撰写初稿

撰稿人将收集来的材料加以整理、甄别,选取有效资料进行撰写,事件前因后果、发展过程、效果如何等都要交代清楚,记述要客观、准确、翔实。

2.2.4 修改审定

撰稿部门负责人或主管领导对初稿引用的资料、数据、信息进行核实,做到准确无误;检查撰写的内容是否有遗漏,是否做到大事写全、本单位主要的工作不遗漏;删除文中套话、虚话,规范文字、语言。

2.2.5 稿件报送

供稿单位把审定的稿件交编辑部(编辑人员)。编辑部(编辑人员)对稿件作进一步的审稿(详见"2.4.2 审稿工作"),由总纂人员对稿件进行统稿(详见"2.3 总纂统稿"),以达到"齐、清、定"的标准。"齐"指拟发稿件各组成部分必须完整齐全,不能有遗漏;"清"指稿面必须清晰无误;"定"指拟发稿件必须是定稿,不再修改。

编辑部(编辑人员)将"齐、清、定"稿件交出版社编辑出版（应提供内容相同的电子版及纸质稿各一份）。

2.2.6 配合修改

出版社编辑参照编辑大纲、编辑规范对报送的稿件进行审核。有的稿件可能会因内容缺失、字数超标、文体不规范等问题被退稿，需要补充修订相关内容后再次报送。撰稿人要有大局观念，及时按要求认真更正、补充修订，积极配合修改，以免影响年鉴整体进度。

2.2.7 校对审核

重要稿件或在编辑环节有较大改动的稿件，经过编辑、排版、校对后的定稿应退撰稿人再次审核，撰稿人应对内容、数据进一步核实确认，以确保准确无误。

书稿一般在一校后退作者单位审校，作者单位应在规定的时间内审定完成。

2.3 总纂统稿

总纂统稿是年鉴编纂过程中的重要环节，是提高年鉴质量的主要关口。总纂是指把众多编撰人员收集、整理、撰写的各类初稿编纂在一起的年鉴成稿过程，是对年鉴框架、条目等进行系统性再创造和精细加工的一项重要工作。统稿是指总纂人员对文稿进行全面梳理，把各篇目、各部类进行优化统一，编成一部政治过关、史实权威、内容准确、文通字顺、体例规范的年鉴。

2.3.1 总纂内容

年鉴是由许多不同部门的撰稿人提供的不同资料合成或由不同类型、不同时期的资料组成的，往往存在诸如交叉重复、前后矛盾、画蛇添足、记载有误、数字不准、文风不统一、体例不规范、校勘粗疏等问题。为使年鉴质量在整体上得到优化，编纂前要下发撰稿标准，文稿汇总后要进行总纂统稿。总纂统稿是年鉴编纂必须进行的一项工作。

总纂人员由各篇目文稿的执笔人员或负责全稿编纂的工作人员承担，即由从事年鉴撰稿工作的相关人员或编辑部指定的具有一定文字功底和年鉴编纂经验的专人负责。总纂人员要对文稿加以全面梳理，对篇目适当调整，对资料进一步考证，对内容进一步增删，对文字、表格、图片进一步规范，解决重复遗漏、文风不一及文字差错等问题。

总纂的方法是通览全书，决断是非，把好纲目关、内容关、导向涉密关。重点抓好以下三方面工作。

2.3.1.1 纲目审核

虽然在一本年鉴编纂之前，已经制定了一个大纲，但纲目不是一成不变的，从年鉴启动至印刷出版，纲目要根据实际情况不断调整完善。总纂对纲目的审核是其审核的重点。一要看篇目设置是否注意到了整体性，即科学性与实用性的有机结合；二要看篇目内容是否均衡，是否出现未按三类文献牲质安排内容量的情况,同时抑制篇幅膨胀,力求文字精简;三要看内容归类是否合理,是否错置、重置、漏置相关内容;四要看结构层次是否混乱,如逻辑关系颠倒等。

2.3.1.2 内容审核

总纂重点解决记述内容重复交叉和前后矛盾问题,做到不缺记、漏记、错记,把好史实关、信息关、数据关。例如:同一事件两种说法,要加以考证保留符合史实内容;凡入鉴的文献、数字要经过核实确认,并统一指标数据;语言表述不严谨,出现文字错误等要加以修正。审核内容表述是否达到年鉴规范要求,如是否流水账式记录,或者写成了总结报告式、通讯报道式等。

2.3.1.3 导向涉密审核

审查在文字叙述中是否存在涉及国家安全、偏激或不当言论等;记述内容中是否有不宜公开的涉密信息,如领导内部讲话,不宜公开文件等。(详见"5.4 导向和涉密问题")

总纂人员还应及时解决各个编纂环节遇到的问题;妥善处理领导审稿、专家审读和出版社审稿的意见;加强总体协调,确保全书的整体进度。

2.3.2 统一体例

年鉴内容编写应保持体例统一,如对稿件的标题层次、选材行文、插图、表格、名词术语、引文与注释、编排格式等按照规范化的标准进行梳理统一。重点关注以下几方面。

2.3.2.1 文字写法统一

由于每个撰稿人的责任分工不同，认识各异，文字水平参差不齐，所撰文稿必然有差别。例如：语言风格不统一，过于渲染、夸张，不切合实际的溢美等；记录事件，有的先写人物后写事件，有的先写事件后写人物，而年鉴以记事为主，要调整为以事件记述优先并以此为主线。通过总纂，统一语言风格、文字写法，达到文通字顺，符合年鉴记载要求。（详见"4.1 文字表述"）

2.3.2.2 条目编写统一

年鉴以条目作为主体内容的基本表现形式和基本寻检单元。重点考量条目设置是否为大事要情，内容是否具有典型性，记述是否具有完整性，资料是否具有可靠性。条目是否一事一条，是否交叉重复；是否动态内视条目在前，内视次要条目在后；排列顺序是否一致；条目标题是否设置得当，是否过长或长短不一；对不同条目内容进行拆分归并，梳理条目正文段落层级。[详见"3.2 主体资料内容编写（条目编写）"和"5.3 条目撰写问题"]

2.3.2.3 各类名称统一

年鉴中各类名称（机构名称、会议名称、职务名称、地名、人名等）体现基本史实，其准确性非常重要。要审核名称是否使用全称（或规范简称），是否准确、规范、一致。例如：机构名称有的未使用全称，有的使用不规范简称；职务名称不完整，有的带党内职务，有的只有行政职务，有的人在年度内发生职务调整，却没有准确体现。此外，还要注意尊重历史事实，不同阶段的名称要准确无误。（详见"4.2 名称规范"）

2.3.2.4 图表规范统一

图表要素构成要完整，表题（图名）、表头要统一规范。例如：有的缺少表题（图名），有的缺少计量单位；有的表题（图名）带单位名称、有的不带；同一种表格，有的叫"统计表"，有的叫"明细表"。还要审核图表序排序是否准确，图表内容及逻辑关系是否正确，图表和内文是否呼应，数据及分析是否和图表内容一致等。（详见"4.9 图表规范"）

2.3.2.5 专业术语统一

年鉴中的专有名词，尤其是专业性年鉴，很多专业术语或内部使用的缩略用语，领域外的读者无法理解。要审核是否进行了注解说明，表述是否规范准确，名称是否一致。（详见"4.3 缩略用语"）

2.3.2.6 文件名称统一

年鉴记述中存在大量政策文件信息，文件名称及引用应准确、规范、统一。文件名称全称、简称要统一，如有的使用《中华人民共和国税收征收管理法》，有的使用《税收征收管理法》，有的用《税收征管法》。要根据具体情况使用全称、规范简称或括注简称。（详见"4.8 文件引用"）

2.3.2.7 数据使用统一

年鉴中各部分内容引用数据应准确且统一口径，不同部分使用同一数据要保持准确一致。例如：有的使用年度快报数据，有的使用年终决算数据（年鉴统一使用决算数据）；内文与图表中的数据是否一致，概述部分数据与统计表中的数据是否一致。（详见"5.8 统计资料问题"）

2.4 编辑流程

年鉴的编辑工作主要由组稿、审稿、编辑加工、校对等工作组成。

2.4.1 组稿工作

2.4.1.1 制发组稿文件

组稿文件应明确撰写规范要求、质量标准（"齐、清、定"交稿）、稿件字数、进度要求等。文件下发各撰稿部门，附年度编写大纲、撰稿要求、任务分解表等。此项工作最好列入部门年度考核内容，以确保按时交稿并保证撰稿质量。

确认收文及联系人。与各供稿单位联系，确认已经收到文件，并明确联系人（撰稿人），明确各单位报送哪些相关稿件内容，提醒报送稿件的截止时间。

2.4.1.2 稿件跟踪

经常与撰稿者联系，及时掌握撰稿情况和进度，及时解决撰稿中的困难和问题，帮助撰稿者按编纂要求完成撰稿任务，确保稿件按时、保质保量地完成。

2.4.1.3 撰稿培训

组织专门的年鉴撰稿培训，可以集中培训，也可以分散培训；尽可能在撰稿前组织培训，也可以在完成初稿后组织培训。培训可以有效提高撰稿者的稿件质量，为提升年鉴质量打下良好基础。

2.4.2 审稿工作

2.4.2.1 审稿

审稿是指按照年鉴的组稿要求和质量标准阅读稿件，并对稿件提出修改意见与要求。审稿工作由年鉴编辑及各层级领导负责。出版社实行责任编辑初审、编辑室主任复审、总编辑等社领导终审的三审责任制。

2.4.2.2 审稿标准

稿件是否"齐、清、定"。重点审核稿件是否按大纲要求报送，如：稿件各组成部分（文字、图表）是否齐全，报送的条目是否齐全，有没有遗漏的内容或条目；字数是否符合要求；审稿人是否签字确定等。

内容质量是否合格。内容是否全面反映年度情况，尤其是新动态、新变化、新经验和新成果，是否有重要内容遗漏；条目标题是否简洁，条目顺序是否按照大纲要求排列；缩略语是否有解释；核对数据、引文、人名、职务等是否准确无误。

体例是否符合撰稿要求。如：名称是否规范，全文是否使用第三人称表述，单位、地名简称是否规范统一；图表是否有表题、图名,是否规范,计量单位是否准确,表内逻辑关系是否正确。

是否涉及导向和保密问题。内容是否涉及观点导向和舆情问题,信息、数据等内容是否符合保密要求。

2.4.2.3 审稿方法

对文稿进行通读、比较、分析和综合。通过核对大纲,确认各要件齐全,符合要求;通读文稿内容,对文稿文字表述进行处理;比较核对相关信息、数据,确认准确度;分析和综合评价文稿是否达到质量要求,决定取舍或提出修改意见。

2.4.3 编辑加工

对达到审稿要求的文稿进行编辑加工。经过编辑加工,消灭差错,弥补疏漏,规范文字,提高总体质量水平和可读性。编辑加工的原则是"有错必改,改必有据"。

2.4.3.1 消灭差错

差错主要是指政治差错和知识、文字差错。

首先消灭政治性差错,严禁法规明令禁止的政治性内容在文稿中出现;对于文稿中知识性、科学性和文字表述方面的差错要认真找出、一一改正,不要让病句和错别字等留在文稿中。

2.4.3.2 核对引文

引述他人著述文字、文件或批示等应准确无误,标注引文出处,凡加有引号的直引,从文字到标点符号均应与原文一致;不加引号的意引,特别要注意内容的准确性、完整、准确地表达作者原意，不能断章取义、歪曲作者原意。

2.4.3.3 图表处理

文稿中的插图和表格是稿件的重要组成部分，编辑加工时要认真选择、设计、处理好这些插图和表格。检查表题、图名是否准确，计量单位是否正确，数据使用是否无误。

2.4.3.4 查核资料

对文稿中涉及的数字、时间、地点、人物、事件、公式、计量单位等资料性内容应认真核实，做到准确无误。

查核方式：

①查对资料来源是否可靠。

②对照文稿中重复出现的资料数据是否前后一致，有无矛盾。

③对比相互关联的事实、内容，看有无可疑之处。

2.4.3.5 名词术语规范化

文稿中专业用语、人名、职务、地名、单位等要统一规范。只有对各类名词规范化，才能实现信息的有效传播，方便读者阅读和检索。首先在组稿时给予说明指导，其次在审读和编辑加工时要进行疏理统一。

专业术语可参阅由全国科学技术名词审定委员会主办的规范术语知识服务平台——术语在线。

2.4.3.6 统一体例

对文稿中的选材、行文、插图、表格、名词术语、符号、数字、计量单位、标题层次、引文与注释、参考文献、编排格式等按照规范化的标准进行梳理统一。

2.4.3.7 编制索引

索引是年鉴检索系统的重要组成部分,也是影响年鉴编纂质量的一个因素。检索手段已纳入全国年鉴编纂出版质量评比内容及评分项,要求"索引有一定深度,标引准确规范,检索方便"。索引可请专业公司制作,也可由编辑在定稿后进行人工编制。

2.4.4 校对与看样

2.4.4.1 校对职责

(1)消灭校样中文字、标点符号、图表、格式等方面的排版差错。

(2)核对校样页码、注释编号、图表编号的顺序,保证图表与正文、注释与注释编号的对应一致。

(3)统一全书专有名词和计量单位,以及全书标题层次等版式。

(4)解决推行倒版后的窜文、窜行问题。

(5)改正明显的错别字和符号。

(6)指出原稿中的可能差错及疏漏不妥之处。

2.4.4.2 编辑解决问题

编辑就校对指出的疑问、可能差错及疏漏不妥之处进行处理确认。编辑在处理问题时应本着尊重作者、保证内容质量的原则,只改必须改的地方,对可改可不改之处原则上不改,避免产生新的错误；尽量避免大改，导致推行倒版。

2.4.4.3 作者看样

出版社将经过初校、改错后的校样副本同时送交作者审校。作者看样审校，主要是纠正内容错误及排版编校人员可能产生的错误，以保证内容质量。作者也要注意尊重自己的创作成果和编辑人员的劳动，看样时不要对文字内容大改大动。如遇特殊情况，修改时应尽量在一行或一面内解决问题，以避免推行倒版。编辑认为可改可不改的就不改，作者应予理解。

2.4.4.4 编辑通读

一般在三校完成后进行通读。通读工作要求编辑从头至尾再看一遍文稿，以便发现前期工作中可能的疏漏，进一步提高内容与编校质量。

2.4.4.5 出片看样

要检查书名页与封面、封底中有关文字内容有无差错、有无不一致。经检查一切无误后方可签字付印。

3 年鉴内容编写

3.1 年鉴框架设计和选题选材

3.1.1 记述重点①

年鉴内容资料的记述重点，通常包括年鉴对应领域的基础信息和大事要情，即"基础信息+大事要情"。

基础信息，是指年鉴对应领域的基本资料，通常包括基本情况和基本指标数据。以专业（行业）年鉴为例，是指一个部门、一个行业必须掌握的基本资料，如行业资源和优势、基础条件和能力、形成的规模和特点、队伍和人才、积累的成果和达到的水平等基本情况及相关数据。基础信息在年鉴中的载体（表现形式），主要是综合情况（概况、总述）和其他篇目中的综述、概况条目及统计资料等。基础信息务必求全，基本情况和基本指标数据应当不缺不漏，要体现整体性和概全性。

---

① 许家康. 论年鉴的记述重点［R/OL］.（2013-11-08）［2024-06-09］. https://www.yearbook.cn/?p=3&a=view&r=335.

大事要情，是指年度内的重大成就、重要变革、重大社会事件或自然事件等。"大"，是影响大、分量大、权重大；"要"，是重要、主要、必要。大事要情主要体现在三方面：一是政治上重要，如领导层重要决策、党的重要会议精神、国家战略重点和社会管理创新等；二是社会影响大，媒体报道的焦点，社会关注的热点，如财税体制改革、基本养老制度变化、绿色低碳发展等；三是涉及面广，如社会保障改革、房地产发展新模式、重大自然灾害和人为灾难等。大事要情在年鉴中的载体（表现形式）主要是动态信息，即各篇目中编写的条目，以及按编年体编写的大事记。大事要情要体现重要性和特殊性。

3.1.2 内容构成

年鉴内容一般由综合情况、动态信息、辅助资料三部分组成。年鉴大纲内容也围绕这三部分设计。

一是综合情况，年鉴对应领域基本情况的综合概括，反映行业或事业的综合情况，体现整体性和概括性，如综述、概述、概况等。既要反映本行业或事业的基本内容，大的指标都要收录，又要体现各地的具体情况和特色。

二是动态信息，年鉴对应领域年度发展变化情况，是年鉴内容的主体，表现形式为条目或文章（年鉴采用的内容体裁一般为条目体），如全国工作情况、各地工作情况等。衡量其内在质量，应以"有效信息"为标准，即"基础信息+大事要情"。空话、议论、感情用语、不确切的内容等，都属于无效信息。有效信息含量高，其质量就高；反之，有效信息含量低，其质量也低。

三是辅助资料，年鉴对应领域相关的有存查价值的实用性、指南性资料，一般包括大事记、统计资料、法规文件及附录等，又称附属资料。辅助资料以翔实的信息和数据，帮助读者更准确地掌握该行业的总体情况和发展特点，在年鉴中起着重要的补充和辅助作用。

前两部分为年鉴主体资料。

3.1.3 框架设计

框架（年鉴大纲）设计是年鉴系统工程的起点，是年鉴基本内容结构体系的构建过程。有了总体框架，全书零散的资料才能有所依托、有所承载。框架是年鉴的成书之本，是年鉴编纂工作的规划蓝图和实施方案。

3.1.3.1 遵循的原则

年鉴框架结构设计体现了年鉴的编辑思想、内容结构和特色形式。框架设计原则包括系统性、稳定性和创新性，要体现全面系统、稳中求变、特色鲜明，要在全面系统的基础上突出个性特色，在保持框架相对稳定的前提下及时更新篇目设置。

（1）系统性：框架是全书的纲目，结构安排要全面系统，逻辑关系清晰准确。既体现某一地区或某一专业领域的全情总貌，也要结合某些领域特点或某项工作进行特别反映或深度再现，如专文、特载、法规文件等内容，实现全而不散、专而不窄。

（2）稳定性：年鉴是连续出版物，为保证其连年的分析可比作用，年鉴的框架需要保持相对稳定，不宜作颠覆性或大幅度的改变，所以在设计框架时要有长远计划和前瞻性。但稳定性也不是绝对的，按照常编常新的要求，可根据年度现实变化对框架作相应调整。

（3）创新性：框架是最富创造性的环节，只有在框架设计中融入创新性思维，不断与时俱进，才能体现个体特色、个性风格，才能使年鉴更富有吸引力、更具有生命力。但这种创新性应是稳中求变、稳中求新的。

3.1.3.2　基本要求

框架设计基本要求是有较高的概全率。年鉴框架的全，也应当是有重点的全、有选择的全，不应当是面面俱到的全，不应当是不分大小、不论轻重的全。而且这个全，主要是指资料的全、信息的全，并非是指机构的全、单位的全。[1]要做到各项收录资料合理安排、突出特色。

（1）概全率高：是指年鉴反映的内容要全面，基本情况、文献资料、机构人员、大事记、重要数据等部分是不可或缺的。

---

[1] 许家康. 论年鉴的记述重点[R/OL]. (2013-11-08) [2024-06-09] https://www.yearbook.cn/?p=3&a=view&r=335.

（2）合理安排：是指一次文献[①]、二次文献[②]、三次文献[③]信息资料安排比例适当。年鉴以二次文献和三次文献为重点。一、二、三次文献在年鉴中的理想比例为1∶4∶5，即一次文献占总篇幅的10%左右，二次文献占40%左右，三次文献占50%左右。

（3）突出特色：框架设计在体现共性的同时，要特别突出特定领域、区域的独特性，呈现出个性化的特色，如通过设置特别的图片、篇目、内容加以体现。

3.1.3.3 基本结构

年鉴信息资料从满足读者的需求出发，按资料类型分，年鉴框架大致分为前、中、后三大部分：一是文前部分，如编委名单、编辑部名单、撰稿人名单、序、图片插页、编辑说明等；二是正文部分，如"综述""各项工作基本情况""各地工作情况""法规文件""统计资料""机构人员""大事

[①] 一次文献是没有经过编选者编辑加工的原始性资料。年鉴中的一次文献主要类型包括法律、法规和行政规章，领导机关工作报告和公报文告，权威人士重要言论，有重要存查价值的学术论文、调研报告等。

[②] 二次文献是对一次文献进行加工（压缩、概括、抽象、整理、标识、绘制）而形成的线索性资料。年鉴中的二次文献类型主要包括文摘、目录、名录、题录、大事记、专项年表、解释性资料、统计表、统计示意图、照片、绘画作品、索引等。

[③] 三次文献是通过对大量事实、文献和数据资料进行筛选并经综合加工而形成的系统化资料。年鉴中三次文献的表现形式主要有文章（专文、综述、述评）和条目。

记"等；三是附录索引部分，如便捷性查阅资料等。具体篇目构成如下。

前：

①编委会名单

②图片插页

③编辑说明

④目录

中：

①专栏。包括特载专文、专记等。刊登地方党政负责人有关全局的指导性报告、讲话、文章；专家的重要文章选载等。

②概况（总述、综述）。某一领域或地区基本情况的概括介绍，包括年度情况概述，以及自然概况、经济社会发展概况等。

③各项工作基本情况。分门别类地介绍展示领域或地区年度基本情况和发展变化。多为条目体，占比较大，占全书内容的50%以上。

④人物。专门载录新闻人物、先进人物事迹和逝世人物资料等。

⑤统计资料。年鉴的数据集合，各维度方面的数据资料，也包括纵向和横向对比资料。

⑥文献。包括讲话、报告、文件和研究成果等。

⑦大事记。简要记载该地区年度大事或一定时期内的大事，增强年鉴的资料价值和参考价值。（也可前置）

后：

①附录。附在主体内容之后与主体内容有关的资料，具有参考价值和实用价值的便览性、指南性资料。

②索引。把年鉴中有检索意义的内容摘出并标注出处页码，按一定次序排列，附在书后，供人查检用。

年鉴的篇目构成不是一成不变的，可根据所记录领域需求和年度特点适时进行篇目顺序调整或篇目增减，也可进行必要的创新，常编常新。

3.1.4 选题选材

选题选材是从信息价值出发，对可收集的资料进行篇目、条目设置和必要的材料选择。年鉴选题选材的基本原则也是以"基础信息+大事要情"作为依据和标准。

3.1.4.1 基础信息

基础信息是年鉴记载范围内的基本情况必备的重要资料，是调查研究的基础和重要参照。选题选材遵循以下原则：

（1）全面性。对相应领域有较高的概全率，连续反映行业或单位的概况，不轻易漏掉任何重要的方面，尤其是重要的动态信息和基础数据。

（2）新颖性。对相应领域的创新举措、新发生的大事要情要着重记载，如当年已经取得实效的重点工作、重大的改革措施或其他突出成果等，对其背景、过程、成果等要记录完整。

（3）特色性。突出反映相应领域的专业特点、行业特色，如当年发生的具有里程碑性质的新纪录、当年获得省部级以上奖励的成果等,具有鲜明的年度特点和浓郁的时代气息。

(4)真实性。无论是基础信息还是大事要情,都要客观记述,据实而录,做到真实、准确、完整。

3.1.4.2 大事要情

大事要情要着重选择有重大社会价值和重要资料价值的题材,要选择有年度特点和史料价值、具有突出意义或作用的信息资料,做到"大事不漏,小事不收"。凡属大事、新事、特事、要事必选,反映出年鉴所反映对象的本质与主流,反映出年度特色、地域特色和部门(行业、学科)特色,使年鉴信息具有实用价值、鉴戒价值和史料价值。

(1)大事,是指代表事物本质和发展主流、对事物发展进程有重大影响,为公众所普遍关心的事。

(2)新事,是指代表事物发展新阶段、新水平、新方向,具有推广借鉴价值的事。

(3)特事,是指最能代表事物特色的事。

(4)要事,是指公众关注度较高的年度重点话题。

总之,年鉴的选题,不能事无巨细地全盘收录,也不能大事化简、一掠而过。年鉴选题要突出当年重点,为后世所实用。

注意:违反保密规定的信息资料不能作为选题选材内容。

3.2 主体资料内容编写(条目编写)

年鉴主体资料展示地区或行业基本情况,分量较大。内容记述综合运用多种形式,一般以条目、文章为主要表现形式。条目化已成为年鉴记述的主流。

年鉴记述内容以动态信息为记述重点,尽可能容纳更多的有效信息,基础信息要全面,大事要情要着重表述,特别要注意资料的真实性和客观性,注重以数据说话。

3.2.1 条目基本要义

条目体现年鉴内容资料的分类,是年鉴编撰工作的基础。

3.2.1.1 条目定义

条目是以年度事实和资料为主题,记载客观事物的独立信息单元,反映年度内的事实主题、资料主题,具有相对独立性、年度性、主题集中性和规范性等特点。

3.2.1.2 条目构成

条目由标题和正文两部分组成。条目标题加方头括号(【】),后空一字接释文。释文内容一般应该有六要素:时间、地点、人物、原因、发展(过程)和结果。

3.2.1.3 条目类型

条目的类型由条目的内容性质决定,反映客观实际,体现布局协调合理。条目按内容性质分为综合性条目和单一性条目。

综合性条目是用来介绍一个领域、系统、单位或部门的基本情况，提供综合性、概括性的信息，如综述、概述、概况。

单一性条目主要记述某一独立事件的情况。一个条目记述一件事情，如会议、活动、事件、成果、人物、学术研究等。

无论是综合性条目，还是单一性条目，撰写时都要系统掌握资料，运用分析综合的科学方法，对资料进行科学排列，点面结合，突出特点，彰明因果，把事情始末交代清楚。

3.2.2 条目编写要素

条目为基本记述单元。

标题要简洁准确，可以是概念、术语、词组、短语或短句，不宜用副词、形容词等修饰语，不宜过长。

正文要客观记述事实、资料、数据等，避免与标题脱节。

条目设置要一事一条，条目与条目之间内容不交叉。坚持时间观念。年鉴以年为限，不在本年发生的事不要立条目，一般只记述自然年度（1月1日至12月31日）的内容，年内事件应注明具体起止时间。有些单位把下一年的工作重点和要结束的工程提前来写，这在工作总结里是可以的，但写在年鉴中就不太合适。对于一些在本年没有完成和结束的事物，条目适当地将其原委加以交代就可以了，以便将该事物完完整整地记述清楚。

条目按字数一般可划分为四级条目，小条目300字以下，中条目300—500字，大条目500—1000字，特大条目1000字以上。字数较多的条目要注意层次安排清晰有序。

3.2.3 综合性条目编写

综合性条目反映年度内各个领域发展变化的总体情况和主要特点，具有高度的概括性。

综合性条目又可细分为综述条目、概况条目和综合记事条目三种类型。

3.2.3.1 综述条目

综述是以类目对象为中心主题，从宏观上对年鉴体现的部门、行业、领域年度情况进行综合、概括记述或说明，既记述其发展情况，又阐明其兴盛的原因，清楚地反映其发展脉络。

概述是以分目对象为中心主题，反映分目所辖的单位、事业、地区的基本情况，内容要素包括关系全局的重要情况，重要举措及成效，促进发展的主要因素等，起揭示发展特点及趋势的作用。

示例：

【概述】 2021年，××局统筹做好党史学习教育、依法组织收入、深化征管改革、优化服务、加强队伍建设、全面从严治党等重点工作，圆满完成各项目标任务。××总局和××省委、省政府领导批示肯定70余次，在××总局绩效考评中位居第八，以第二名的成绩被××省政府表彰为服务经济社会发展优秀中央驻×单位，作为唯一的省直厅局在全省优化营商环境暨"万人助万企"推进工作会议上作典型发言。××局被省政府评为"全省企业服务工作先进单位"，9人获得"省五一劳动奖章"，8人被评为"全省企业服务工作先进个人"，5人被评为××系统"百佳县局长"。

3.2.3.2 概况条目

概况是以条目对象为中心主题，对一个方面情况的概括或概要，是总体面貌的缩写，起勾勒全貌和背景的作用，情况、数据要注重纵向和横向的比较，要从资料的系统、连贯、可比等方面考虑。

示例：

【经济概况】 2021年，××省实现地区生产总值48810.36亿元，比上年增长8.0%。其中：第一产业增加值2897.74亿元，增长4.9%；第二产业增加值22866.32亿元，增长7.5%；第三产业增加值23046.30亿元，增长8.8%。三次产业结构由2020年的6.2∶46.3∶47.5调整为5.9∶46.9∶47.2。2021年全省经济总体保持恢复态势，经济发展稳中有进，新动能快速成长，市场主体不断壮大。全省地方一般公共预算收入3383.38亿元，增长9.9%，其中地方级税收收入2458.98亿元，增长14.8%；一般公共预算支出5210.93亿元，增长7.5%。

3.2.3.3 综合记事条目

综合记事条目一般记述职能性工作年度开展情况和成效，进行分类记述。

示例：

【落实减税降费政策】 持续健全税费优惠政策直达快享机制，打造全国统一的优惠政策宣传辅导精准推送标签体系，全年新增减税降费约1.1万亿元。科学研判经济税收形势，提出为煤电、供热企业和制造业中小微企业办理缓税的建议并高效落实，为制造业中小微企业办理缓缴税费2126亿元、为煤电和供热企业办理"减、退、缓"税271亿元，有力支持了工业经济发展和能源安全保供。在减税降费等政策的有力支持下，全年新办涉税市场主体1326万户，比2020年、2019年分别增长15.9%、27.6%。

3.2.4 单一性条目编写

单一性条目是单独记述某一具体事物的条目，具有选题选材单一、内容记述具体的特点。单一性条目可分为常规性条目和专题性条目。专题性条目又可细分为会议类条目、活动类条目、成果类条目、机构类条目、调研类条目等。

3.2.4.1 会议类条目

一般应包括时间、地点、会议名称、主办单位、出席人数、中心议题、决议等基本要素，应着重介绍会议的主要内容，非必要信息可不写。

示例：

【全国××系统警示教育会】 5月16日，全国××系统警示教育会在北京召开。会议深入学习领会习近平总书记关于党的建设的重要思想和党的自我革命的重要思想，认真贯彻党的二十大和二十届中央纪委三次全会精神，强化警示震慑，厚植严的氛围，推动××系统全面从严治党不断向纵深发展、向基层延伸。××总局党委书记、局长××出席会议并讲话。中央纪委国家监委驻××总局纪检监察组组长、××总局党委委员××结合××系统有关典型案例,对新修订的《中国共产党纪律处分条例》进行全面深入系统解读。××总局党委委员、副局长××主持会议。中央第一巡视组有关负责同志到会指导。

3.2.4.2　数据类条目

反映某领域年度收入情况和收入特点与分析,要注意数据口径和数据准确性,也可配图表展现。

示例:

【税收收入情况】　2021年累计完成各项税收收入14532.5亿元(含海关代征增值税、消费税,未扣减出口退税),比上年增长9.2%。其中:税务部门组织收入13990.9亿元,增加1185亿元,增长9.3%;海关代征税收541.6亿元,增加38.7亿元,增长7.7%;办理出口退税396亿元,减少101.3亿元,下降20.4%。

税收收入特点:2021年增幅创近5年新高,主要是上年同期税收收入基数较低所致。三大主体税种贡献稳定,增值税、企业所得税和个人所得税完成12349.2亿元,增长9.5%。其中,增值税增长8.9%,企业所得税增长7%,个人所得税增长21.4%。优势产业贡献突出,七大主体行业完成税收收入12468.6亿元,增长8.2%。其中,批发和零售业增长33.9%,信息服务和科技服务业增长29.3%,制造业增长7.2%。

3.2.4.3　业务类条目

针对各领域业务的专项条目,如各项政策落实及政策变化、业务管理与服务、优化营商环境等情况。一般应包括业务开展的背景、过程、举措、效果、成效等。

示例：

【××政策落实】 健全××优惠政策落实工作机制和优惠政策执行问题反馈答疑工作机制，召开××优惠政策落实工作机制例会6次，研究解决基层政策执行问题48项，有效打通政策落实的"最后一公里"。做精宣传辅导，建立标签体系和优惠政策库，主动甄别符合优惠享受条件的缴费人，为400多万户缴费人精准推送适用的优惠政策。做细管理，强化申报环节监控和政策落实风险分析，及时发现应享未享、不应享而享受等疑点信息，有效促进了优惠政策的应享尽享。

3.2.4.4 活动类条目

活动类条目一般应包括时间、地点、组织单位、参加人数、活动内容、特点、结果等基本要素。应着重介绍活动内容、特点和结果。

示例：

【国家宪法日系列宣传活动】 12月4日是第十个"国家宪法日"。为弘扬法治精神，12月3日，××市政府举办以"大力弘扬宪法精神，建设社会主义法治文化"为主题的2023年"12·4"国家宪法日暨《中华人民共和国行政复议法》集中宣传活动在××万绿园举办。××市中级人民法院、市人民检察院、市市场监督管理局等30余个普法成员单位及6家市直管律师事务所、3家公证处、市法律援助中心在现场开设了法律"集市"，发放宪法知识资料和宣传页。通过此次活动，市民群众对宪法等相关法律知识有了更多了解，增强了广大市民群众尊崇宪法、维护宪法、学习宪法、运用宪法的意识，深刻认识维护国家安全的重要性，引导群众依法办事，自觉做知法、懂法、守法、护法的明白人。

3.2.4.5　成果类条目

成果类条目一般应包括完成时间、成果名称、立项单位、承担单位和主要完成人、立项时间（或开题时间）、成果内容及创新点、获奖情况等基本要素。应着重介绍成果价值、创新点。

示例：

【国产碳纤维液体成型关键技术通过验收】　×月×日，由××院等6家单位共同完成的"国产碳纤维液体成型关键技术研究"课题通过了科技部高技术中心组织的专家验收。项目是××年科技部"863"计划课题，其创新点为：……通过静力测试考核，达到国际认证标准。

3.2.4.6　调查类条目

调查类条目一般应包括调查的起止时间、内容、承担单位、主要承担人、范围、对象、结果、作用与影响等基本要素。对结果可略加分析。

示例：

【××省房地产行业可持续发展调研课题】　×月，××商会×××等人完成了"房地产行业可持续发展调研"课题。课题由××省发展改革委下达，于××年×月启动，是××省八大行业规划研究课题之一，重点研究××省商业地产可持续发展问题。研究过程中，课题组采用层次分析方法，以行业数据为依据，重点分析了××省房地产业近5年来的发展情况、特点和问题……提出了"一个支撑、两个目标、三个内涵、四个策略"的××省房地产业发展定位以及4个方面的政策建议……

3.2.4.7　调研类条目

调研类条目一般包括调研的时间、地点、主题、主要参加人、调研情况、领导讲话等基本要素。调研类条目中的领导职务要在一定级别以上。

示例：

【**王晓萍到河北省调研**】　5月20日—22日，人力资源和社会保障部党组书记、部长王晓萍带队到河北雄安新区、曲阳县、正定县、石家庄市，调研人力资源社会保障重点工作，以及支持京津冀协同发展和高标准高质量建设雄安新区等情况。调研组深入企业、乡村、公共服务机构、人力资源服务产业园等，了解京津冀人社事业协同发展、雄安新区人社公共服务、建筑行业农民工权益维护、根治欠薪大数据平台建设、技能人才培养、劳务品牌发展、灵活就业人员服务、推进京津冀社保卡"一卡通"等情况。

3.2.4.8　党务类条目

党务类条目包括党组织建设工作，纪检监察工作，全面从严治党、党风廉政建设制度落实等条目。内容一般应包括工作开展的背景、过程、举措、活动、成效等。

示例：

【党建工作】 加强党的政治建设，严肃党内政治生活。认真贯彻《关于新形势下党内政治生活的若干准则》，着力提高党内政治生活质量。健全完善新"纵合横通强党建"机制制度体系，推动新机制制度体系落实落细。扎实开展"不忘初心、牢记使命"主题教育问题整改和专项整治"回头看"。加强党的思想建设，坚决把学习习近平新时代中国特色社会主义思想作为"第一议题""第一主题""第一任务""第一要事"，《让"三篇光辉文献"在××系统熠熠生辉》被省直工委评为一等奖，××省局作为唯一一家省直厅局级单位在全省党委（党组）理论学习中心组经验交流会上作了发言。加强党的组织建设，在全省系统推广"1+20+1"支部工作法，推进"四强"党支部创建。

3.2.4.9 政务类条目

政务类条目包括政务管理、绩效管理、财务管理、督察内审、人事管理等内部管理业务。内容一般包括标的业务各分项工作的具体开展情况，包括制度建设、创新举措、取得的成效等。

示例：

【政务管理】 研发"行政管理智慧服务平台"，广泛应用于会议管理、值班管理、信息化耗材维修、公务用车管理、寄递服务、个人邮件、通知确认等领域，提升行政管理服务质效。深化党委办公室标准化工作机制，完善工作规则等10项制度，落实为基层减负要求。建立"红黄蓝"办信接访模式，完善信访、舆情、应急"三位一体"应对机制。

3.3 辅助资料构成与编写

辅助资料展示某一领域的辅助情况，既有重要信息资料，也有具体的统计数据，如特载、专文、重要文献、大事记、统计资料、附录等。这些资料和数据对于指导一个地区、一个部门按照客观规律工作起着重要作用，同时也为各级领导科学决策提供客观依据。

3.3.1 特载

特载是为将当年或跨年度发生的有特殊意义的大事、要事或特别重要的决议载入年鉴而设置的类目。

特载记述内容或收录文章要体现"特"字，即在内容上显示重要性、特殊性，在时间上显示超前性或延时性。

记载重大事件、重大活动要采取以记述为主兼具说明的文体详细记载；收录文章可全文，也可节选或摘录重要相关内容。

3.3.2 专文

专文是专门就某一领域的现状和发展趋势加以论述的文章载入年鉴而设置的类目。

专文收录文章要体现"专"字，即在数量上少而精，在内容上达到深层次。

专文类文章采用论说体，要求主题鲜明、事实充分、论述精辟，文中事实、数据、文献等例证资料要多，记事议论条理清楚，层次分明，观点清晰，具有较强的说服力。

3.3.3 重要文献

重要文献收录重要论述、工作报告、领导讲话和权威人士重要言论等文献性资料。如党中央、全国人民代表大会及其常务委员会、国务院有关本领域或行业的重要报告、决议、决定，中国政府在国际会议上提出的相关主张、倡议，关于本领域工作的领导署名文章和重要讲话等。

重要文献要体现"重要"两字，即在年度发展中体现重要决策、重要工作部署、重大变化的文献资料。

重要文献多为一次文献，即没有经过编选者编辑加工的原始性资料，要注意文献的权威性和准确性。

3.3.4 大事记

大事记是按时序逐项记载年鉴对应领域内的重大事件。包括党和国家领导人对领域内工作的指示和重要活动，与领域内工作有关的重大事项，相关政策的重大调整和举措等。

大事记的收录标准为"大""全""新""准""精"。对宏观决策有参考价值、事关全局的事体现为"大"；大事不漏、新事不丢，体现为"全"；处于萌芽状态、代表事物发展趋势及首创首例的事体现为"新";每件事的时间、地点、人物、因果和数据指标以"准"为原则;一事一条、简明精练体现为"精"。

3.3.5 统计资料

统计资料收录本领域或区域内主要数据。

统计资料要注意数据的权威性、准确性,选用的统计数据口径和表现形式要具有稳定性和持续性,以便进行纵横比较。

3.3.6 附录

附录是与主体内容有联系的各种类型的方便查考的资料,集中放在年鉴正文之后,如相关的数据、信息参考或与本专业相关的国内外比较性资料等。

附录要体现实用性和工具性,是附于年鉴后的实用指南和便览性资料,方便年鉴使用者查对、参考相关资料信息。

附录不排篇章序号,以区别于正文篇目,体现其特殊性。

编纂技术与规范

4.1 文字表述

年鉴文字表述以说明为宗旨,开门见山,直陈其事,注重准确记载有效信息。

4.1.1 文体与文风

年鉴的文体语言使用记叙和说明两种文体,不用形容、抒情、渲染、议论性文字。文风力求简练、规范准确、朴实、通顺,直陈其事,用事实说话。忌空而不实的虚话、套话、大话、空话、废话,不用导语和结语,如"在××领导下""取得了显著成绩"等,要摆脱工作总结、工作报告和新闻报道等模式的影响。

4.1.2 行文用语

全文均使用第三人称记述(除一次文献,如领导讲话原文收录等),不使用第一人称,如"我市""我局""我们"等。

除专业性很强的行业术语必须使用外,尽可能不用俗语,不用生僻词汇。非用不可的也应给出通俗的解释,并加注说明,以免产生歧义。

4.2 名称规范

各种名称(机构名称、会议名称、地名、人名等)要使用标准全称或规范化简称,规范化简称应符合规定要求。若使用简称,在第一次出现时用括号加注说明"(以下简称××)"。

4.2.1 机关名称

4.2.1.1 使用全称或规范化简称

机关名称首次出现应尽量使用全称,尤其是标题、图片说明、大事记。内文中可直接使用规范化简称,也可在首次出现后括注简称。

示例 中华人民共和国外交部(全称)

外交部(规范简称)

4.2.1.2 国务院机构使用规范简称

示例1 中华人民共和国国家发展和改革委员会(全称)

国家发展改革委(规范简称)

发改委(不规范简称)

示例2 中华人民共和国人力资源和社会保障部(全称)

人力资源社会保障部(规范简称)

人社部（不规范简称）

国务院部分机构简称对照见表4-1。

表4-1　国务院部分机构简称对照

全称	简称
中华人民共和国外交部	外交部
中华人民共和国国家发展和改革委员会	国家发展改革委
中华人民共和国科学技术部	科技部
中华人民共和国国家安全部	安全部
中华人民共和国财政部	财政部
中华人民共和国人力资源和社会保障部	人力资源社会保障部
中华人民共和国住房和城乡建设部	住房城乡建设部
中华人民共和国农业农村部	农业农村部
中华人民共和国水利部	水利部
中华人民共和国国家卫生健康委员会	卫生健康委
中国人民银行	人民银行
国务院国有资产监督管理委员会	国资委
国家税务总局	税务总局
国家市场监督管理总局	市场监管总局
国家广播电视总局	广电总局
国家体育总局	体育总局
国家标准化管理委员会	标准委
国家新闻出版署	新闻出版署
国家版权局	版权局
国务院港澳事务办公室	港澳办

（续表）

全称	简称
国务院台湾事务办公室	台办
国家互联网信息办公室	网信办
国务院新闻办公室	新闻办
新华通讯社	新华社
中国科学院	中科院
中国社会科学院	社科院
国务院发展研究中心	发展研究中心
国家金融监督管理总局	金融监管总局
中央广播电视总台	中央广电总台
国家烟草专卖局	烟草局
国家林业和草原局	林草局
国家中医药管理局	中医药局
国家药品监督管理局	药监局
国家知识产权局	知识产权局
中华人民共和国出入境管理局	出入境管理局
国家公务员局	公务员局
国家档案局	档案局
国家保密局	保密局

4.2.2 人名

4.2.2.1 人名一律使用姓名全称

人名应采用"姓+名"全称。使用不完整人名的应补全。领导名字第一次出现时应在人名前面注明职务全称，第二次出现可直接使用名字。

示例1 "国英部长"应为"李国英部长"

示例2 ××部部长×××出席会议并讲话。×××指出……

4.2.2.2 关于党内职务和同志称谓

党组织活动必须加党内职务,可使用同志称谓,如党的会议、党的机构人员名单、党组织任免文件等。

示例1 水利部党组书记、部长李国英主持召开专题办公会议,深入学习贯彻党的二十届三中全会精神

示例2 ×××任民航××安全监督管理局党委书记、局长

4.2.3 地名

地名使用全称或规范化简称。简称中省级地名可省略"省""自治区""市";省级以下地名简称应附"市""区""县""自治州"等称谓。

示例1 辽宁 北京 内蒙古

示例2 金华市 西城区 婺源县 湘西土家族苗族自治州

示例3 北京、浙江、湖北、贵州、西藏五省(区、市)

4.2.4 中文译名

年鉴中涉及的外国地名、组织机构、专用名词等一律使用中文译名,并在其第一次出现时在括号内注明英文原文或其缩略语,第二次出现时可使用缩略语。全国科技名词委发布的规范名词或缩略语可直接使用。

示例1 亚太经合组织（Asia-Pacific Economic Cooperation，APEC）

示例2 经济合作与发展组织（OECD）

4.3 缩略用语

4.3.1 中文缩略语

文稿中出现的行业或本单位的特殊缩略用语，应加以说明解读。若说明内容较短，可在缩略语后以括号形式作注释；若说明内容较长，可在当页页脚注释。

示例 "4138"模式（实行自由裁量基准、业务规范、管理制度办法和推进综合"四统一"；构建各级机关领导小组例会"一机制"；打造互用的实体服务厅、互动的信息数据仓库和互通的服务热线"三平台"；加强服务、登记、申报、大企业、国际、风险、稽查和分析调查"八联管"）（建议脚注）

4.3.2 英文缩略语

文稿中的英文缩略语（组织机构、软件等）首次使用时应有中文全称。

示例1 出席二十国集团（G20）杭州峰会的经济合作与发展组织（OECD）秘书长安赫尔·古里亚（Angel Gurria）在G20杭州峰会新闻中心接受媒体记者采访……

示例2 税基侵蚀与利润转移（BEPS）

4.4 时间表述

4.4.1 表现形式

采用阿拉伯数字表示。凡是涉及时间表述的年、月、日等，特别是当所表示的时间比较精确时，均应使用阿拉伯数字。公元世纪、年代建议使用阿拉伯数字。

示例 2018年2月15日21时40分

2023年第4季度

20世纪80年代

4.4.2 时间概念

写清楚具体年、月、日，避免使用模糊时间概念。不宜使用最近、目前、不久以前、前些时候、今年、去年、今天、本月、上月等模糊时间。

4.4.3 年份使用

年份应用全位数表示，如"2018年"不宜写为"18年"。

示例 2018—2024年

截至2023年底

4.4.4 月份使用

记录事件或统计数据前的月份前应加具体年度。跨月份时间段，月份间可省略"月"字。

示例1　会议于2018年4月3日召开（规范表述）

会议于4月3号召开（不规范表述）

示例2　2023年7—8月（规范表述）

2023年7月20日至8月30日（规范表述）

示例3　截至2018年6月30日，查补收入32亿元（规范表述）

截至6月30日，查补收入32亿元（不规范表述）

4.4.5　计时方式

（1）计时方式既可采用12小时制，也可采用24小时制，按照时、分、秒顺序；"时""分"也可用"："代替；零时也可以使用汉字。采用何种格式，全书应统一。

示例　21时40分

21：40

晚上9时40分

4月7日零时

（2）注意区分时间计量和时刻表示。

示例　18时6分25秒（规范表述）

18h6min25s（不规范表述）

（3）注意不能用表示时刻的符号来表示时间计量。

示例　用时2时15分6秒（规范表述）

用时02：15：06（不规范表述）

4.5 计量单位

4.5.1 使用国际单位制

计量单位统一使用国际单位制,不宜用亩、平米等中国计量单位或不规范计量单位。

示例 米 平方米 千克 千米（规范表述）
　　　　亩 平米 斤 公里（不规范表述）

4.5.2 使用中文全称

行文中计量单位应用中文全称,公式或统计表中可用符号表示。

示例1 1米 5克 3安 零下15摄氏度（行文中）
示例2 1m 5g 3A －15℃（公式或表格中）

4.5.3 金额单位使用

为阅读方便,年鉴行文中亿元以上的数据以亿元为单位,亿元以下、万元以上的以万元为单位,不足万元的以元为单位。统计表中依实际情况使用,但金额单位应相对统一。

示例 3281.50元 185万元 26亿元（规范表述）
　　　　0.0003亿元 260000万元（不规范表述）

4.6 数字使用

除定型的词、词组、惯用语、缩略语等用汉字表示外,凡是可以用阿拉伯数字而且又很得体的地方,特别是当所表示的数目比较精确时,均应使用阿拉伯数字。遇特殊情形,可以灵活变通,但全书体例应相对统一。

4.6.1 阿拉伯数字的使用

(1)使用数字进行计量的场合,应采用阿拉伯数字。

示例 4000元 63%~68%

(2)含有月日的专名(案件、事件、现象等)采用阿拉伯数字表示时,使用间隔号"·"。

示例 "7·15"大案

(3)计数单位前面的数字,一般应使用阿拉伯数字。

示例 3台计算机 30余人

(4)文号、代码和序号中的数字,一般使用阿拉伯数字。

示例 国发〔2011〕3号文件

4.6.2 汉字数字的使用

(1)重要会议名称要突出庄重的表达效果,应使用汉字数字表示,但具体工作会次可使用阿拉伯数字表示。

示例1 第八届全国人民代表大会第一次会议

示例2 ××局办公会第31次会议

（2）一至十的整数，如果不是出现在具有严格统计或比较意义的一组数字中，一般使用汉字表示。

示例 第一道防线 四点要求 五方面 排名第一

（3）定型的词、词组、成语、惯用语、缩略语或具有修辞色彩的词语中作为语素的数字，一般使用汉字表示。

示例 "十四五" 四大行业 第三产业 "一带一路" 中央八项规定 "五证合一" 二维码

（4）相邻的两个数字并列连用表示的概数应使用汉字数字，且连用的两个数字之间不加顿号。

示例 六七千米 三十四五 二百四五十万元

（5）用"成"来表示百分比时应使用汉字数字。

示例 2016年查补收入比上年提高了三成

4.6.3 数字书写规则

（1）阿拉伯数字和汉字数字在同一场合出现的数字应遵循"同类别、同形式"选择数字形式。

示例 2014年7—8月（规范表述）

2014年七、八月间（不规范表述）

（2）四位以上数字一般不采用千分撇","，可使用千分空。

示例 1030元 1 030 450元（规范表述）

1,030元 1,030,450元（不规范表述）

（3）阿拉伯数字不得与除万、亿外的汉字数词连用。当数值较大时可以写为用万、亿表示的数。

示例　500万　1.5亿（规范表述）

　　　1千5百万　1亿5千万（不规范表述）

4.6.4　数值（量值）范围的表示

（1）使用百分数表示的数值范围，前一数值的"%"不能省略。

示例　40%～50%（规范表述）

　　　40～50%（不规范表述）

（2）用"万""亿"表示的数值范围，前一数值的"万""亿"不能省略。

示例　20万～32万　3亿～9亿（规范表述）

　　　20～32万　3～9亿（不规范表述）

4.6.5　概数、约数要避免表意重复

示例　提高了20%～30%　约50千克（规范表述）

　　　提高了20%～30%左右　约50千克上下（不规范表述）

4.6.6　数量增加或减少的表述

（1）过去是100，现在是200，表述为：增加为（或增加到）过去的2倍。

（2）过去是100，现在是300，表述为：增加（或增加了）2倍。

（3）定额是100，实际是160，表述为：超额60%。

（4）过去是100，现在是40，表述为：降低（或降低了）

60%。

（5）过去是100，现在是60，表述为：降低到60%。

（6）原数是500，现在是100，表述为：为原数的1/5。

应特别注意，在表达数字减小时，不宜用倍数，而应采用分数，因为用倍数表示容易引起歧义。

示例　减少1/2（规范表述）

　　　　减少0.5倍（不规范表述）

以上数字规范参照2011年7月29日国家技术监督局颁布的国家标准《出版物上数字用法》（GB/T 15835—2011）的规定执行。

4.7　标点符号[①]

4.7.1　句号的特殊用法

（1）在一些文章的开头语和其他段落的最后用以提起下文的一句末尾，过去常用冒号，现在可以用句号。

示例　……在今后工作中要做到以下几点。

　　　　一、

　　　　……

　　　　二、

　　　　……

[①] 本部分根据《标点符号用法》（GB/T 15834—2011），仅列举个别容易出现使用错误的标点符号用法。

三、

……

（2）在一个使用分号的句子内部，不可以用句号。如果必须用句号，后面的分号要改用句号。

示例　一是工程全面推广上线。在各部门大力支持下，经过广大干部的拼搏努力，工程在全国全面上线并平稳运行。二是"互联网+"行动出新出彩。三是发票管理系统显威显力。四是大数据应用成效明显。

（3）图或表的短语式说明文字，中间可用逗号，但末尾不用句号。即使有时说明文字较长，前面的语段已出现句号，最后结尾处仍不用句号。

示例　经过治理，东市市容市貌焕然一新。这是某区街道一景。

4.7.2　问号的特殊用法

（1）选择问句中，通常只在最后一个选项的末尾用问号，各个选项之间一般用逗号隔开。

示例　诗中记述的这场战争究竟是真实的历史描述，还是诗人的虚构？

（2）当选项较短且选项之间几乎没有停顿时，或当选项较多或较长，有意突出每个选项的独立性时，也可每个选项之后都用问号。

示例　这一切都是由客观的条件造成的？还是由行为的惯

性造成的？

4.7.3 逗号的特殊用法

（1）如果在应该用顿号的并列短语的内部还有应用顿号的并列的词，这时在并列的短语之间用逗号。

示例 全国人大代表，设区的市、自治州、省、自治区、直辖市的人大的代表，由下一级人大选举。

（2）主语部分较长，在主语部分和谓语部分之间用逗号。

示例 全国人民代表大会、省级人民代表大会、设区的市级人民代表大会、县级人民代表大会和乡级人民代表大会，都是国家权力机关。

（3）句子的特殊成分，常常用逗号把它与别的成分隔开。

示例 全国人民代表大会，我国的最高国家权力机关，行使修改宪法的职权。

（4）用顿号表示较长、较多或较复杂的并列成分之间的停顿时，最后一个成分前可用"以及（及）"进行连接，"以及（及）"之前应用逗号。

示例 压力过大、工作时间过长、作息不规律，以及忽视营养均衡等，均会导致健康状况的下降。

4.7.4 顿号的特殊用法

相邻或相近两数字连用表示概数通常不用顿号。若相邻两数字连用为缩略形式，宜用顿号。

示例1 飞机在6000米高空水平飞行时，只能看到两侧八九千米和前方一二十千米范围内的地面。

示例2 农业是国民经济的基础，也是二、三产业的基础。

标有引号的并列成分之间、标有书名号的并列成分之间通常不用顿号；若有其他成分插在并列的引号之间或并列的书名号之间（如引语或书名号之后还有括注），宜用顿号。

示例1 大厅挂着"新形象""新服务"等横幅。

示例2 《中华人民共和国税法》（活页）、《中国税务年鉴》等。

4.7.5 冒号的特殊用法

（1）用于总说性或提示性词语（如"说""例如""证明"等）之后，表示提示下文。

（2）一个句子内部一般不应套用冒号。在列举式或条文式表述中，如不得不套用冒号时，宜另起段落来显示各个层次。

示例 第十条 遗产按照下列顺序继承：

第一顺序：配偶、子女、父母。

第二顺序：兄弟姐妹、祖父母、外祖父母。

4.7.6 引号的特殊用法

（1）对于特定用语或缩略语宜用引号标引。当某些用语已广为人知，已约定俗成或广泛使用，也可不使用引号。

示例 "门对门""五个一"工程 "三公"经费 "一

把手"

中央八项规定　党的群众路线教育实践活动

（2）在书写带月、日的事件、节日或其他特定意义的短语（含简称）时，通常只标引其中的月和日；需要突出和强调该事件或节日本身时，也可连同事件或节日一起标引。

示例　"五四"以来的话剧，是我国戏剧中的新形式

纪念"五四运动"90周年

（3）行文中表示引用的引号内外的标点用法。

①当引文完整且独立使用，或虽不独立使用但带有问号或叹号时，引号内句末点号应保留。除此之外，引号内不用句末点号。

示例　"沉舟侧畔千帆过，病树前头万木春。"他最喜欢这两句诗。

②当引文处于句子停顿处（包括句子末尾）且引号内未使用点号时，引号外应使用点号。

示例　司马迁为了完成《史记》的写作，使之"藏之名山"，忍受了人间最大的侮辱。

③当引文位于非停顿处或者引号内已使用句末点号时，引号外不用点号。

示例　他以"条件还不成熟，准备还不充分"为由，否决了我们的提议。

4.7.7 括号的特殊用法

括号的主要形式是圆括号"（）",其他形式还有方括号"［］"、六角括号"〔〕"和方头括号"【】"等。

文件年份一律使用六角括号"〔〕"。

示例　新广出发〔2015〕20号

除科技书刊中的数学、逻辑公式外,所有括号（特别是同一形式的括号）应尽量避免套用。必须套用括号时,宜采用不同的括号形式配合使用。

示例　〔茸（róng）毛〕很细很细的毛

括号可分为句内括号和句外括号。句内括号行文末尾通常不用标点符号,句外括号行文末尾是否用句号由括号内的语段结构决定,若语段较长、内容复杂,应用句号。

示例　标点符号是辅助文字记录语言的符号,是书面语的有机组成部分,用来表示语句的停顿、语气以及标示某些成分（主要是词语）的特定性质和作用。（数学符号、货币符号、校勘符号等特殊领域的专门符号不属于标点符号）

4.7.8 书名号的特殊用法

4.7.8.1 使用范围

书名号用于书名、卷名、篇名、刊物名、报纸名、文件名、电影、电视、音乐、诗歌、雕塑等各类用文字、声音、图像等表现的作品的名称,全中文或中文在名称中占主导地位的软件名。

（1）多层书名号，一般只用两层书名号（《〈〉》），第三层以上可不再用书名号。

示例 关于转发《市财政局关于转发〈财政部关于修订印发一般企业财务报表格式〉的通知》的通知

示例中的这个公文标题，只用两个书名号，但它含有3层标题：

①市财政局关于转发《财政部关于修订印发〈一般企业财务报表格式〉的通知》的通知；

②《财政部关于修订印发〈一般企业财务报表格式〉的通知》；

③《一般企业财务报表格式》。

（2）书名有时带有括注。如果括注是书名、篇名等的一部分，应放在书名号之内，反之则应放在书名号之外。

示例1 《中华人民共和国民事诉讼法（试行）》

示例2 《中华人民共和国监察法（草案）》（摘要）

4.7.8.2 法律、法规、规范性文件名称

（1）如果使用全称，应加书名号；文字叙述中使用规范简称可不加书名号；引用条款时如果使用规范简称，应加书名号。

示例1 《中华人民共和国宪法》

示例2 宪法 刑法 个人所得税法

示例3 《宪法》第十三条规定："公民的合法的私有财产不受侵犯"

（2）如果是草案，使用全称时，应将"草案"二字用括号括起，置于公文名称之后、书名号之内；使用简称时，不加书

名号和括号。

示例1 《中华人民共和国公司法（草案）》

示例2 公司法草案

（3）有时由于公文正文中出现的公文名称较长，而将制定机关在公文名称中略去，公文名称也应加书名号。

示例 《中共中央办公厅　国务院办公厅关于完善市场准入制度的意见》（正）

中共中央办公厅　国务院办公厅《关于完善市场准入制度的意见》（误）

（4）转发文件、印发意见等，若引用原文完整标题，加书名号；若引用原文部分标题名称，不加书名号。

示例1 ××市人民政府关于修改《××市城市管理相对集中行政处罚权办法》的决定

示例2 ××市人民政府关于修改城市管理相对集中行政处罚权办法的决定

4.7.8.3 "题为……""以……为题"格式中的使用

"题为……""以……为题"中的"题"，如果是诗文、图书、报告或其他作品可作为篇名、书名看待时，可用书名号；如果是写作、科研、辩论、谈话的主题，非特定作品的标题，应用引号。即"题为……""以……为题"中的"题"应根据其类别分别按书名号和引号的用法处理。

示例1 有篇题为《柳宗元的诗》的文章，全文才2000字，引文不实却达11处之多。

示例2 一个以"地球·人口·资源·环境"为题的大型宣传活动举行。

示例3 《我的老师》写于1956年9月,是作者应《教师报》之约而写的。

示例4 "我的老师"这类题目,同学们也许都写过。

4.7.8.4 不应使用书名号情况

不能视为作品的课程、课题、奖品奖状、商标、证照、组织机构、会议、活动等名称,不应用书名号。以下示例均为不规范使用书名号情况。

示例1 下学期本中心将开设《现代企业财务管理》《市场营销》两门课。

示例2 明天将召开《关于"两保两挂"的多视觉理论思考》课题立项会。

示例3 本市将向70岁以上(含70岁)老年人颁发《老年证》。

示例4 本校共获得《最佳印象》《自我审美》《卡拉OK》等六个奖项。

示例5 《闪光》牌电池经久耐用。

示例6 《文史杂志社》编辑力量比较雄厚。

示例7 本市将召开《全国食用天然色素应用研讨会》。

示例8 本报将于今年暑假举行《墨宝杯》书法大赛。

4.7.9 连接符的特殊用法

（1）连接符的形式有三种：短横线"-"（占半个字符位置），一字线"—"，（占一个字符位置），浪纹线"～"（占一个字符位置）。

（2）短横线用于表格、插图的编号，门牌号码、电话号码，以及用阿拉伯数字表示年月日等。

示例1　参见下页表2-8、表2-9

示例2　联系电话010-88842603

示例3　2011-02-15

（3）一字线表示相关项目（如时间、地域等）的起止。

示例1　沈括（1031—1095）

示例2　2011年2月3日—10日

（4）浪纹线表示数值范围（由阿拉伯数字或汉字数字构成）的起止。

示例　25～30g　第五～八课

（5）表示数值范围时，可采用浪纹线或一字线，但全书应统一。

以上标点符号规范参照2011年12月30日国家技术监督局修订发布的《标点符号用法》（GB/T 15834—2011）的规定执行。

4.8　文件引用

4.8.1　文件名称

（1）法律、法规、规章及规范性文件首次出现时，采用"文件全称+文号"形式。

示例　《财政部国家税务总局关于小型微利企业所得税优惠政策有关问题的通知》（财税〔2014〕34号）

（2）法律文件可使用规范简称。在不引起误解的情况下，法律文件名称中的"中华人民共和国"可以省略，无须特别说明。

示例　《中华人民共和国宪法》（全称）

　　　　《宪法》（规范简称）

（3）法律文件名称较长，文中需要反复提及的，可以使用业内通行的缩略语；缩略语仍加书名号。使用缩略语的，必须在该文件第一次出现时予以说明，"以下简称《××法》"。

示例　《中华人民共和国税收征收管理法》（全称）

　　　　《税收征收管理法》（规范简称）

　　　　（以下简称《税收征管法》）（简称）

注：使用缩略语应当兼顾行文简省和表述自然。通常情况下，不建议使用过分简略的用法。例如，把《税收征收管理法》说成《征管法》。

（4）文件中的"试行""草案"，以及刑法修正案的序号，应当视为法律文件名称的一部分，括注于书名号内。

示例 《中华人民共和国刑法修正案（十）》

《刑法修正案（十）》

（5）法律文件在叙述中可不加书名号，作条款引用时需加书名号。

示例1 民法典是一部固根本、稳预期、利长远的基础性法律。

示例2 《民法典》第4条规定："民事主体在民事活动中的法律地位一律平等。"

（6）规范性文件的名称包括制定机关的，制定机关在书名号内；否则，制定机关放在书名号前。

示例 国务院以"国发"文件的形式下发了《国务院关于印发打赢蓝天保卫战三年行动计划的通知》

国务院下发的《打赢蓝天保卫战三年行动计划》（国发〔2018〕22号印发）

（7）办法、意见、规程、方案等可直接写名称，不必写发文全称，但文号后应标明"公布""发布""印发"字样。

示例 《中国（上海）自有贸易实验区总体方案》（国发〔2013〕38号公布）

《国务院关于印发中国（上海）自由贸易试验区总体方案的通知》（国发〔2013〕38号）（文件全称）

4.8.2 文号

(1) 文号在文件后以括号形式注明,文件年份以六角括号形式注明,多次修订文件的文件号以最后一次发布文号为准。

示例1　《国务院关于机构设置的通知》(国发〔2018〕6号)

示例2　《国家发展改革委关于印发〈2019年国家综合配套改革试验区重点任务〉的通知》(发改体改〔2019〕651号)

(2) 文件多次出现,可使用完整文号代替,不可直接使用未括注为简称的不完整文号。

示例1　财税〔2014〕34号文件(规范表述)

　　　　财税34号　2014年34号(不规范表述)

示例2　《最高人民法院、最高人民检察院关于办理危害税收征管刑事案件适用法律若干问题的解释》(法释〔2024〕4号)(规范表述)

　　　　法释〔2024〕第4号(不规范表述)

注:法释文件号没有"第"字。

4.8.3 条款引用

(1) 为使行文简洁,法律文本的条、款、项序数采用阿拉伯数字,序数中的括号省略。

示例　《税收征收管理法》第63条

　　　　《行政诉讼法》(1989年)第54条第2项第3目

注:在任何情况下,法律文件名称中的条款序数不得改为阿拉伯数字。

（2）原文引用法律文本的，条、款、项、目的序数一般从原文。即，条、款序数一般用汉字，项的序数用汉字加括号，目的序数用阿拉伯数字。

示例　《行政诉讼法》（1989年）第五十四条第（二）项第3目。

注：原文引用一般使用引号，内容及所有序数均应与原文一致。

（3）引用条款表述要全，避免漏"第""条"等字，连续条款可简略为"第×条至第×条"。

示例1　第38条　第39条（规范表述）

第38、39条　第38、39条（不规范表述）

示例2　第23条至第25条（规范表述）

第23、24、25条　第23—25条（不规范表述）

4.8.4　条文引用

（1）直接引用必须与原条文内容完全一致，引文前用冒号，引文使用引号。

示例　《税收征收管理法》第58条规定："税务机关调查税务违法案件时，对与案件有关的情况和资料，可以记录、录音、录像、照相和复制。"

注：条文包括多个款项，需要完整引用原文并且需要突出内容的，可以将相关款项单独排列、分行分段。一般情况下，法律条文各款之间可以不分段，用两个字符的空格代替；各项

之间不分行，也不用空格。

（2）间接引用，要与条文原义一致。内容前使用逗号，不必加引号。

示例　根据《税收征收管理法》第4条规定，纳税人为法律、行政法规规定负有纳税义务的单位和个人，扣缴义务人为法律、行政法规规定负有代扣代缴、代收代缴税款义务的单位和个人。

（3）引用外国法律或者国际公约的中文版本，视情况加国别（国际组织）和年份。国别或者国际组织一般置于书名号之前，但国名或者国际组织名称是法律文件名称一部分的除外。

示例1　美国《统一买卖法》（1906年）

　　　　美国1906年《统一买卖法》

示例2　联合国《儿童权利公约》

　　　　《联合国海洋法公约》

（4）引用我国台湾地区的法律文件，应当根据情境注明"我国台湾地区"或者"台湾地区"。引用台湾地区的法律文件，必须打上引号；其他法律文件，使用引号或者做其他适当处理。

示例　台湾地区"民法"第12条规定："满二十岁为成年。"

4.9　图表规范

4.9.1　图表的构成

图表元素构成示例见图4-1和图4-2。

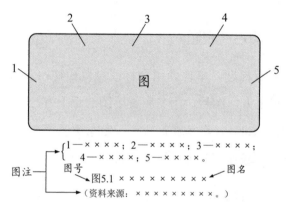

图 4-1　图的构成示例

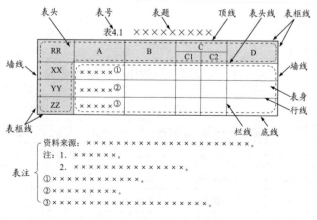

图 4-2　表格的构成示例

4.9.2 图表序号

图表应有序号,序号可流水号,也可按篇章排序,并在文中呼应,先文后图表。

示例1 表1、表2 图1、图2

示例2 表1-1 图1-1

4.9.3 图名(表题)

图表应有标题,单位使用全称或规范简称;表号、表题应置于表的正上方,图号、图名应置于图的正下方。

示例1 表1-1 北京市各项收入完成情况

示例2 图2-1 青岛市收入完成情况

4.9.4 计量单位

图表应注明计量单位,不同的计量单位在表内体现,同一单位在表上右统一注,不同计量单位在表格内应加括号。

示例1

表4-2 ××部门组织收入完成情况

项目	2016年		2015年	
	收入(亿元)	增长(%)	收入(亿元)	增长(%)
合计	76 805.90	6.8	71 895.39	4.7
国内收入	16 963.01	8.7	15 599.37	2.3
国外收入	5 518.89	3.6	5 326.49	16.3
海关代征收入	5 672.07	-4.8	5 956.90	-14.2

示例2

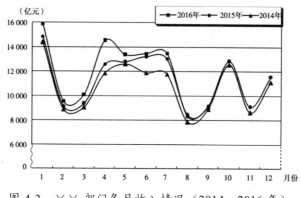

图 4-3　××部门各月收入情况（2014—2016 年）

4.9.5　图注（表注）

图注分为图元注和整图注。图元注是图的构成单元或元素的说明，置于图号、图名上方。整图注是对图的整体的说明（包括来源），置于图号、图名下方。参见图4-1。

表注分为出处注（来源）、全表注和内容注。出处注宜以"资料来源"引出，全表注宜以"注"引出，内容注宜以圈码①②引出。表注宜排在表格底线下方，按照出处注、全表注和内容注依序排列。参见图4-2。

4.9.6　文字说明

正文与图表应有所呼应。正文表述图、表内容时，文字在前，图表在后，可在表述中统一加说明文字。

示例1　收入完成情况如表1-1所示。

示例2　协作流程如图2-1所示。

4.10 图片规范

4.10.1 图片质量

(1) 图片应构图规整、曝光准确、对焦清晰、主题明确、主体突出,依据图片质量择优使用。

(2) 图片应使用清晰原图,JPG格式,大小一般在3MB以上,分辨率一般在3000×2000像素以上。不使用从网页直接保存的图片、过度裁切的图片、从文档里另存的图片,以及画质受损的图片。

(3) 筛选图片时应关注图片中的人物表情、动作、位置,以及周围场景、重要文字信息(如横幅、展板)等,确保图片中主要人物和重要信息清晰、完整。

4.10.2 图片来源

图片来源清楚,拥有图片版权。建议使用原创作品,注明摄影作者或供稿单位。如使用他人图片或网络、报刊图片,须获得使用授权。

4.10.3 图片说明

图片内容说明应准确,如会议名称、所在地名称、单位名称。图注中要注全时间、地点、主要人物(2人以上标注人物位置)、活动内容及摄影作者。单位名称、人物职务等宜使用全称,内文插图说明可使用规范简称。注意图文信息应保持一致，留意文字说明内容与图片中具体信息是否相符。

4.11　地图使用

4.11.1　报送审核

根据《地图管理条例》，向社会公开的地图，应当报送有审核权的测绘地理信息行政主管部门审核。但是，景区图、街区图、地铁线路图等内容简单的地图除外。

4.11.2　报送单位

出版地图的，由出版单位送审；展示或者登载不属于出版物的地图的，由展示者或者登载者送审。

4.11.3　审图号标注

经审核批准的地图，应当在地图或者附着地图图形的产品的适当位置显著标注审图号。其中，属于出版物的，应当在版权页标注审图号。

4.12　参考文献

4.12.1　专著的著录

格式　主要责任者.题名：其他题名信息［文献类型标识］.其他责任者.版本项.出版地：出版者，出版年：引文页码.

示例 ［1］余敏.出版集团研究［M］.北京：中国书籍出版社，2001：179-193.

［2］辛希孟.信息技术与信息服务国际研讨会论文集：A集［C］.北京：中国社会科学出版社，1994.

［3］G·昂温，P·S·昂温.外国出版史［M］.陈生铮，译.北京：中国书籍出版社，1988.

4.12.2 连续出版物的著录

格式 主要责任者.题名：其他题名信息［文献类型标识］.年，卷（期）-年，卷（期）.出版地：出版者，出版年.

示例 中国图书馆学会.图书馆学通讯［J］.1957（1）—1990（4）.北京：北京图书馆，1957—1990.

4.12.3 析出文献的著录

（1）专著中的析出文献。

格式 析出文献主要责任者.析出文献题名［文献类型标识］.析出文献其他责任者//专著主要责任者.专著题名：其他题名信息.版本项.出版地：出版者，出版年：析出文献的页码.

示例 陈晋镶，张惠民，朱士兴，等.蓟县震旦亚界研究［M］//中国地质科学院天津地质矿产研究所.中国震旦亚界.天津：天津科学技术出版社，1980：56-114.

（2）连续出版物的析出文献。

格式 析出文献主要责任者.析出文献题名［文献类型标识］.连续出版物题名：其他题名信息，年，卷（期）：页码.

示例1 李晓东，张庆红，叶瑾琳.气候学研究的若干理论问题［J］.北京大学学报：自然科学版，1999，35（1）：101-106.

示例2 丁文祥.数字革命与竞争国际化［N］.中国青年报，2000-11-20（15）.

4.12.4 学位论文的著录

格式 主要责任者.题名：其他题名信息［文献类型标识］.出版社、出版者、出版年.

示例 张志祥.间断动力系统的随机扰动及其在守恒律方程中的应用［D］.北京：北京大学数学学院，1998.

4.12.5 电子文献的著录

格式 主要责任者.题名：其他题名信息［文献类型标识/文献载体标识］.出版地：出版者，出版年（更新或修改日期）［引用日期］.获取和访问路径.

示例 Online Computer Library Center, Inc. History of OCLC［EB/OL］.(2023-03-09)［2000-01-08］.http://www.oclc.org/about/history/default.htm.

4.12.6 参考文献注意事项

（1）作者不超过三位时，可全部照录，作者之间用逗号","分隔；作者超过三位时，只著录前三位，其后加"，等"。

（2）如为翻译图书，应在书名和版次间增加其他责任者（即译者）项，并在其他责任者和其责任方式之间用逗号","分隔。

（3）各著录项之间用下角圆点隔断，但出版地（指出版者所在城市）后用冒号"："，出版者后用逗号","。

4.12.7 文献类型和标识代码

文献类型和标识代码见表4-3和表4-4。

表4-3 文献类型和标识代码

参考文献类型	文献类型标识代码
普通图书	M
会议录	C
汇编	G
报纸	N
期刊	J
学位论文	D
报告	R
标准	S
专利	P
数据库	DB
计算机程序	CP
电子公告	EB

（续表）

参考文献类型	文献类型标识代码
档案	A
舆图	CM
数据集	DS
其他	Z

表4-4　电子资源载体和标识代码

电子资源的载体类型	载体类型标识代码
磁带（magnetictape）	MT
磁盘（disk）	DK
光盘（CD–ROM）	CD
联机网络（online）	OL

以上参考文献标注方法按照《信息与文献参考文献著录规则》（GB/T 7714—2015）的规定执行。

4.13　索引编制

4.13.1　索引类型

索引类型常见的有主题索引、内容分类索引。内容分类索引包括人名、地名、事件、图表索引等。

索引由标引词、页码项、使用说明等构成。

4.13.2　索引编制方法

主题索引编制基本流程：

选词——分析主题，抽取具有实质检索意义的词语作为索引词；

标引——根据索引词实际抽词；

排序——将标引词以排序法排序；

反查——按页码项返查正文（发现错误及时更正）；

编写使用说明——标引的内容范围、编排方法等。

4.14 封面和图书书名页

封面包括封一、封二、封三、封四、勒口、护封和书脊。

图书书名页是指图书正文之前载有完整书名信息的书页，包括扉页和版权页。[①]

它们是图书的重要组成部分，也是图书的重要识别标志，对图书的销售、收藏和使用有着非常重要的意义。

4.14.1 封面

4.14.1.1 基本要素完整准确

（1）以图书（书号）形式出版的年鉴：封一应载有书名、作者名、著作方式、出版者名等信息；封四（封底）应载有书号、条码、定价等信息；书脊上应载有主书名和出版者名称（或

---

① 中华人民共和国国家质量监督检验检疫总局. 图书书名页：GB/T 12450—2001 [S]. 北京：中国标准出版社，2002.

图案标志），也可加上著者或译者姓名、副书名和其他内容。

（2）以期刊（期刊号）形式出版的年鉴：封一信息载有刊名、年、卷、期号、主管主办单位等信息；封四可载有国际标准刊号（ISSN）和国内统一刊号（CN）、条码、定价等信息；合订本或单本超过一定厚度必须在书脊上印载刊名、卷号、期号。

4.14.1.2　信息规范应用

（1）以图书（书号）形式出版的年鉴。

年鉴名称应印在封一的明显位置，与其他辅助信息加以显著区分，要列出版社的准确名称。

①条码字体及印刷位置的规范使用。根据GB/T 12906—2008《中国标准书号条码》要求，条码符号以OCR-B字体印刷中国标准书号。图书上的条码印刷位置优选封四的右下角，非纸质封面的精装书的条码可印刷在图书封二的左上角或图书的其他显著位置。条码符号的方向与边线平行，条码距离边线均不小于15毫米。

②书脊规则的规范应用。GB 11668—1989《图书和其他出版物的书脊规则》要求，书脊厚度大于或等于5毫米的图书及其他出版物，应设计书脊。图书书脊上应载有主书名和出版者名称（或图案标志），如果版面允许，还应加上著者或译者姓名，也可加上副书名和其他内容。

（2）以期刊（刊号）形式出版的年鉴。

①根据GB/T 3179—2009《期刊编排格式》规定，名称应刊印在封一的明显位置，标准连续出版物号和年、月、期号、卷

数等顺序编号,不得以总期号代替,并且要放到规定的位置,不得随便乱放。其他文字标识不得比刊名明显,数字必须用阿拉伯数字表示。

②增刊设计原则遵循正刊要求,一定要在封一刊印正刊名称,同时注明"增刊",不能冠以副标题或其他名称。

③厚度凡超过5毫米的应设书脊,并在书脊上标明刊名、年、期、卷等内容。书脊上的阿拉伯数字可顺时针旋转90°排,若不易辨识,可改用汉字数字。

④中国标准刊号除应印在版权标志位置外,还应将国际标准刊号(ISSN)部分和国内统一刊号(CN)部分印在封四的下方;条形码的各部分组成和放置位置都有严格的规定,必须按规定进行规范放置。

⑤年鉴的主管、主办单位要在封一和版权页标识。

4.14.2 图书主书名页

图书主书名页是指载有本册图书书名、作者、出版者版权说明、图书在版编目数据、版本记录等内容的书页,包括扉页和版权页。

4.14.2.1 要素完整准确

(1)主书名页的正面是指提供有关图书的书名、著作责任者、出版者的信息,位于紧接图书封二(或环衬)的单数页码面,常称其为"扉页"。主要载有书名、作者名、著作方式、出版者名等信息,其中书名、著者、出版者是扉页的主要元素，缺一不可。扉页信息应与封面保持一致。

（2）主书名页的背面通常为版本记录页（版权页），载有版权说明、内容提要、在版编目数据（CIP数据）、书名、作者名、出版责任人、出版发行者全称、出版发行者地址和电话、印刷者全称、开本、纸张规格、印张、字数、定价等信息。

4.14.2.2 信息规范实用

（1）书名要印在扉页的明显位置，列出著作责任者、出版者的信息。

（2）版权说明应与著作权合同号一样，放置在版权记录页的上部。CIP内容与发放信息数据一致无误。

（3）图书载体形态记录须列载图书成品幅面尺寸，同时列载印张数。

（4）对于有地图的图书，经审核批准的地图审图号应当在版权页标注。

5

常见问题及实例分析

5.1 框架（篇目）设计问题

5.1.1 篇目设计不全面

内容的全面性是年鉴的基本属性之一。有的年鉴内容不完备，没有全面包容本领域、本行业、本地区年鉴应承载的全部信息。有的年鉴资料门类不齐全，甚至存在重要资料欠缺的现象，表现在年鉴篇目设置不全面、框架结构不完整、缺乏必要的构件。例如，有的年鉴缺少大事记篇目，有的缺少统计资料篇目，有的缺少附录。

5.1.2 篇目分类不科学

年鉴的框架设计可以多种多样，没有绝对统一的标准。但就一部年鉴来说，在篇目的设置上应有一个相对统一的标准。例如，作为年鉴主要资料的大事记、统计资料、法规文件等应该独立成篇，而不应放在附录篇目内。

5.1.3 篇目容量不均衡

年鉴的篇目设计在符合科学分类的基础上，各篇目的内容含量应大致均衡。有的年鉴资料比例不当，个别篇目内容太多或太少。例如：有的年鉴领导讲话收录过多；有的年鉴统计资料中罗列了各层级、各类型的统计表，占到全书总篇幅的2/3，使得篇目容量极不均衡。

5.1.4 内容归属不当

内容归属，即科学合理地对信息资料进行归类，归类应按信息资料的性质划分。各供稿单位所提供的内容分属不同类别，要把各类信息资料进一步按性质分类，放入对应的类目或分目，其中难免有归属不当的现象。有的年鉴内容归类不尽合理，如大事记放在附录中；任免文件放在大事记篇目或者人事部门的条目中。

5.1.5 篇目排序不合理

年鉴内容分为综合情况、动态信息、辅助资料三部分，应依序排布。综合情况、动态信息类主体资料尽量排序靠前，辅助资料尽量靠后。有的年鉴各类资料混杂无序，如政策文件、统计资料等辅助资料排在前面，各项工作基本情况等主体资料却置于其后。

5.2 内容编写问题

5.2.1 大事要情缺漏

大事要情是年鉴记述的重点。有的撰稿单位将本行业、本辖域发生的年度重大事件遗漏，或者仅在图片新闻、大事记中简要提及，未能将当年发生的重大社会事件或自然事件等的背景、过程、后果进行详尽的记录。有的年鉴内容有缺失，如缺少大事记篇目，大事记新闻报道痕迹明显，有些条目事件要素不全等。

5.2.2 基础信息不完备

基本情况可以反映年鉴所记载领域的全貌，基本指标数据可以纵向对比显示年度变化情况。有的年鉴动态信息中的综合性条目缺少基础信息，记录的有效信息少，无效信息多；有的"概述"条目只概括说明年度工作情况，不提供相关的基础信息；有的"概况"条目只空泛地说明基本情况，不提供基本指标数据。有的部门对完成的主要经济指标缺失基础、必要、主要数据，且指标数据纵、横均不可比。有的年鉴信息不全面，数据缺乏权威性等。

5.2.3 内容记述不完整

内容记述应围绕"基础信息+大事要情"选题和选材展

开，以体现其完整性。有的年鉴年复一年的日常工作或常规内容较多，而反映动态变化的内容少；记录内向性的内容较多，反映外向性的信息少；记录的相似内容多，反映创新个性化的内容少。

5.3 条目撰写问题

5.3.1 条目设置过多或过少

有些撰稿人往往根据本部门（单位）行政机构设置，将工作总结材料直接撰成条目。由于机构较多且有多项工作，每项工作都要设置条目，使得介绍性的条目设置过多，像是记流水账。另外，空设一些没有事实、事件、数据内容的条目，成为无人检索的死条。以下示例为不宜单独设立条目的错例。

错例

【公文管理】 加强收文办件管理与督办，发文核稿，办理收文，办理会签文，基层的请示文件均按时办结。

【信息专报】 政务信息被国办采用，被省委、省政府采用。向省税务局、省委、省政府报送政务专报，获省委、省政府领导肯定批示，获省税务局主要领导肯定批示。

【资产管理】 开展基建项目清理和规范管理，做好预决算管理，做好税务系统资产清查和移交，保障新机构各项工作运转需要。

简析：以上示例可整合为一个条目【行政管理】。对于一些非必要条目或条目中没有实质内容,且内容简单,有的甚至只有一句话的条目应补充内容或进行删减处理。

此外,有些单位只设置了两三个条目,内容过于单薄,无法反映年度工作全貌。

5.3.2 标题过于随意

条目标题是条目所记述事件的亮点和精华,应言简意赅,特点突出,以短语为主,易于检索。有的条目直接由工作总结的小标题照搬过来,修饰语较多,未经加工处理;有的条目标题言之无物,随意安放在哪个条目上都可以;有的同类条目标题不一致。

错例1 【积极做好经济责任审计工作】 (可精简为【经济责任审计】)

错例2 【尽职尽责扎实认真较好完成各项工作任务】 (可调整为具体事件)

5.3.3 正文未加提炼

条目正文应选择有年度特点和史料价值、具有突出意义或有鉴戒作用的大事,简洁、准确、清晰表述。有的年鉴条目出现内容未加提炼、修饰语过多、要素不齐全、主题不突出、内容虚空庞杂等问题。

(1)综述条目中内容的前言后语、过渡铺垫和起承转合过多,如"为了"什么、"由于"什么和在什么"指导下""领导下""支持下""配合下",以及"达到新水平""上了新台阶"等。反而,应着重记述的发展变化情况一笔带过。

错例

【概述】 ××研究会以习近平新时代中国特色社会主义思想为指导,落实意识形态工作责任制,增强"四个意识"、坚定"四个自信"、做到"两个维护",继续实施精品战略,完成研究会下达的课题研究任务。

简析:本错例中没有全面记述研究会全年工作宏观概况,内容单薄,从中看不到年度工作重点和亮点。

(2)记事类条目内容根据工作总结照搬照抄,如一些部门、行业、单位罗列完成工作任务情况一、二、三、四,总结工作经验又是一、二、三、四,还有存在问题若干。这样写看不出这些部门、单位所主管或从事的业务发展全貌,以及重大事件和典型事物。有些收集来的资料未经提炼加工,一个条目写了一两千字,芝麻西瓜、林林总总地堆积在一起,不知所言何物。

错例

【财务制度建设】 为提高财务管理水平,×××局进一步健全财务管理制度体系。一是加强支出管理制度建设。印发《会议费管理办法》《财政票据管理操作规程(暂行)》,转发《财政部关于印发〈中央部门结转和结余资金管理办法〉的通知》。二是加强资产制度化管理,印发《关于进一步加强市局机关国有资产管理的通知》。三是加强采购管理,印发《政府采购工作规范（试行）实施方案》和《政府采购档案管理办法（试行）》。

简析：记事类条目主要记述动态信息，是年鉴的记述主体，是年鉴纪实性、新颖性的基础。本记事条目错在没有用来着重介绍成果价值，而是用来记述内部事务性工作，文件罗列过多，内容虚化。

（3）会议类条目中的会议时间、地点、名称、主要内容、参加人员等基本要素不全；有些会议名称没写全，只写了简称；有些没写会议主要内容，只写了哪位领导主持、哪位领导讲话。

错例

【××工作会议】　全省××工作会议在××召开，××省委常委、常务副省长×××出席会议并讲话。

简析：会议类条目应包括会议时间、地点、名称、主办单位、出席人数、中心议题、决议等基本要素，应着重介绍会议的主要内容。本错例缺少具体召开时间等基本要素和会议内容。

5.3.4　内容混乱

有些条目将多个事件整合在一起，东拼西凑、混同一处。有些条目层级较多，但没能很好地归类，层级不清、逻辑混乱，有的"一是、二是"下面又有一层"一是、二是"。

错例

【队伍建设、宣传与培训】　积极培养专业人才，建立人才库，组建适应现代化管理的干部队伍，进一步提高全市管理水平。组织、指导区（县）局开展出口企业座谈、宣传辅导、专题培训、征求意见等活动，大力进行宣传与培训，广泛了解企业实际困难，切实加大帮扶力度，大力支持全市外贸经济回稳增长。

简析：本错例多事件混用一个条目，违反一事一条原则，正文中缺少具体事实。

5.4 导向和涉密问题

年鉴文稿中的导向问题和保密问题应格外引起重视。年鉴稿件在报送前应经过严格的政治性、保密性审查，不允许出现明令禁止的内容。

5.4.1 导向问题

5.4.1.1 表述不准确

国家领导人讲话引用未注明来源，引文并非源自权威官方，导致内容不准确；政治用语未使用权威固定表述，如把"民主生活会"，错写为"组织生活会"。

涉及国际组织名称或国家表述不准确，例如，"一带一路"国家倡议，多了"国家"；"一带一路"共建国家写作"一带一路"沿线国家；有些国际组织使用"成员国"，未使用"成员"；众多国家、地区只注明"国家"，未使用"国家

（地区）"。

5.4.1.2 港澳台表述

港澳台在国际场合使用未冠以"中国"，在国内场合使用未正确表述。

错例 韩国、日本、香港等亚洲国家（地区）

简析：港澳台在国际场合应冠以"中国"，如"中国香港""中国澳门""中国台湾"；在国内场合使用正确表述，如香港地区、澳门地区、台湾地区，"大陆"对"台湾"，"内地"对"港澳"。港澳台表述对照见表5-1。

表5-1 港澳台表述对照

错误表述	正确表述
中、港、台	大陆、香港、台湾
中外合资、中台合资	沪港合资、滇台合资
外方、中方	台方、沪方
台湾法律	台湾地区有关规定

此外，不直接使用台湾当局以所谓"国家""全国""中央"名义设立的官方机构，可用台湾"有关当局"，台湾当局"主管部门""主管机关"代替，不得不直接称呼上述机构时，必须加引号。对台湾当局及其所属机构的法规性文件或官方文书等，应加引号或变通处理。

5.4.1.3 问题人物

有些年鉴中对违法违纪人物处理不当，如有的违规违纪领导干部还在调研、指示、批示。

简析：遇到问题人物应当变通处理，或注释说明情况。

5.4.1.4 不当言论

有的年鉴内容中出现否定国家决策部署等偏激不当的言论，记载负面信息、不宜公开事项等易引起舆情的事件，过多详细表述其他敏感信息。

简析：年鉴要坚持正确导向，弘扬正能量，不宜记载不当言论或信息。

5.4.2 涉密问题

年鉴作为公开出版物，应严格遵守保密规定。有些年鉴收录了保密信息、数据、文件等。例如：涉及保密机关的国家安全机关、警卫部门、国防重地等；涉及国家秘密的军事设施、国防科研机构，不能公开的科研成果和特种工艺等，国家尚未公开的数据等；涉及企业商业秘密的未公开财务数据、未来发展规划等；收录中央保密文件（如中办发、中发文件或发文文号），或者不予公开和依申请公开的政策性文件。

此外，年鉴所记载的领域（区域）内部也有不宜收录的事项。例如：不予公开的领导讲话、批示、专报、请示报告、会议纪要等；尚未依法公开的内部数据，信息化工作中不予公开的技术、数据；不予公开的有关工作计划、方案；正在查办案件、查结案件敏感信息等；尚未公开的组织人事工作材料；不宜公开的督察内审事项、舆情信访事项等情况，如违规违纪相关数据、未公开案件、违纪案件查处资料、巡视巡察报告、清单等。

简析：在审核涉密问题时，应注意把握三点原则：一是内容来源的可靠性和公开性；二是涉密内容是否经过报送单位保密部门审查；三是有关内容是否已在主流媒体公布。

5.5 图片问题

5.5.1 图片内容不合适

（1）收录未经重大选题备案审批的党和国家主要领导人工作和生活的历史图片和新闻图片。

（2）图中人物闭眼、低头、表情怪异、动作夸张，主要人物位置靠后、靠边，脸部被其他人或物品遮挡，或者身体大部分被人群包围遮挡。

（3）因拍摄角度问题导致人脸或身体严重变形；因对焦不准确导致人脸模糊；因取景范围导致人脸被裁切，或者肢体显示不全。

（4）背景中的重要信息显示不全或文字无法辨识，如横幅、展板、屏幕上的会议活动名称等。

简析：年鉴收录图片要符合规定，内容完整有效。

5.5.2 图片质量不达标

（1）图片构图歪斜、曝光过亮或过暗、对焦不清晰、不能准确体现图片要表达的内容、主体不够突出。

（2）图片分辨率较低（低于3000×2000像素），清晰度较差，图中重要信息（如主要人物脸部、会议活动名称等）模糊难以辨识。

（3）使用了JPG以外的其他格式、从网页直接保存的图片、过度裁切的图片、从文档里另存的图片，以及画质受损的图片。

简析：图片清晰度应当符合印刷要求，分辨率在3000像素×2000像素以上，大小在3MB以上。不符合上述要求的应更换为高清原图。

5.5.3 图片说明不规范

（1）图片说明中单位名称未使用全称或规范简称。人物职务名称不完整。例如：有的未写职务全称；有的有党内职务，有的没有党内职务；有的职务变化后未调整；有的职务写错。

（2）画面中人物2人以上，没有标注人物位置。

（3）图片说明用词不规范。如"亲自"或"来""前往""赴"字（表达时间过程词语）。

简析：图片说明要求内容准确，注明时间、地点、主要人物、活动内容及摄影作者等；单位名称、职务须使用全称或规范简称，职务应以人事部门任免文件确认的职务和时间为准；画面中有2人以上时须注明主要人物的位置；建议使用"到""在"等表达图片时间点的词语。

5.5.4 使用无版权图片

有的图片随意从网络下载,或者从其他媒体获取,未取得使用权,造成侵权行为。

5.6 地图使用问题

5.6.1 地图未审核

有的年鉴使用的地图未经审核,无审图号。

简析:根据规定,任何单位和个人不得出版、展示、登载、销售、进口、出口不符合国家有关标准和规定的地图。

5.6.2 使用旧地图

有的年鉴使用从其他媒体下载的地图,或者沿用以前年度审批过的地图。

简析:编制地图应当选用最新的地图资料并及时补充或者更新,正确反映各要素的地理位置、形态、名称及相互关系,且内容符合地图使用目的。

地图应一书一审,一年一审,一图一审。

5.6.3 审图号位置错误

有的年鉴履行了地图审批手续,但未标注审图号,或审图号标注位置错误。

简析:经过审批授予的审图号,应在出版物版权页标注。

5.7 重要文献问题

5.7.1 要素不完备

（1）领导讲话稿中缺失主标题（副标题）、会议名称、日期（年、月、日）及领导的职务、姓名等要素中的一项或多项。

（2）会议名称不准确或使用简称，如在2023年工作会上的讲话、在半年会上的讲话。

（3）领导职务位置错误，误将职务放在姓名后面，如××局长；人名职务名称不完整，或者不准确。

（4）讲话日期漏写或只写月份。

（5）同一篇目标题体例不一致。

错例

同一篇目中的标题体例不一致

> **刘云山在2012年9月25日召开的全国宣传部长座谈会上的讲话摘要**
>
> 全国宣传部长座谈会2012年9月25日在北京召开，中共中央政治局委员、中央书记处书记、中宣部部长刘云山出席会议并讲话。他强调，宣传思想文化战线要坚持以邓小平理论、"三个代表"重要思想为指导，深入贯彻落实科学发展观，更好地用胡锦涛总书记"7·23"重要讲话精神统一人们思想，大力营造解放道的思想深度，既展示成就、又揭示原因，讲清楚党的理论创新成果的独特价值，讲清我国发展道路的鲜明特征，讲清楚我国制度体制的内在优势，坚定人们坚持中国特色社会主义道路、理论体系和制度的信念信心。要进一步深化"走转改"主题采访活动，深入一线挖掘报道素材，深入群众发现典型事例，以基层的

示例 完整正确体例示意：

> **认真贯彻落实新商标法积极服务创新型国家建设**
> ——在全国工商行政管理系统贯彻落实新商标法电视电话会议上的讲话
>
> 张 茅
>
> （2013年9月17日）

简析：重要文献应包括完整的主标题（通常为讲话主题）、副标题（通常为在××会议上的讲话）、领导职务和姓名（格式为××局局长××）、日期（×年×月×日）。

5.7.2 缩略语缺注解

年鉴文稿中的缩略用语、不规范简称、方言俗语等内容未加注解，读者看不明白、读不懂，如"123工程""四项规定""五项要求"等。

错例 以"一走两讲三赛四训"主题活动为载体……（未注释缩略语）

简析：使用不易理解的缩略语，应加以解释说明（使用文后括注或页下脚注）。

5.7.3　附加冗余内容

有些领导讲话采用录音原稿，未进行整理编辑，文中有许多不规范的口语，文前文后出现许多冗余文字，如文前客套话、节日问候语等。

错例　再过几天就是春节了，我代表市局党组，对大家一年来的辛勤努力表示衷心的感谢并致以节日的问候！（与正文内容无关文字）

简析：录音稿要经过整理编辑，形成书面语言，与正文无关的冗余内容均应删除。

5.7.4　文稿排放无序

文献资料排放无序，或者与其他部分的排序不一致。例如，领导讲话稿排序与文前图片、编委会名单和机构人员名单中领导的排序不一致等。

简析：文献资料应编排有序。领导讲话稿排序可按单位层级或职务排序。职务排序以人事部门确认为准，应与文前图片、编委会、机构人员的排序核对一致。

5.8 统计资料问题

5.8.1 表题（图名）不规范

（1）有的有单位（区域）名称，有的没有。

（2）有的写××情况表（图），有的写××统计表（图）。

（3）有的写××一览表，有的又写成××情况一览表。

（4）有的有"表""图"字，有的没有"表""图"字

错例 表5-1 全国收入分级次情况表（2023年）

示例 表5-1 全国收入分级次情况（2023年）

简析：表图应标注序号，图名一般在图下方。表题、图名若已有表号和图号，为避免重复，标题末尾处可不加"表""图"字。

5.8.2 统计时间不规范

有的统计资料未准确注明时间期限；有的采用非年度数据却未注明起止日期；有的使用非决算数据。

示例

图5-1 全国各地区收入同比增长对比（2020—2023年）

简析：年鉴的统计时间期限一般为一整年，使用年度决算数据；非整年数据应注明具体时间段，表题（图名）后括注年份或起止日期。

5.8.3 计量单位不规范

统计表格中计量单位不统一,有的为亿元,有的为万元。行文表述中亿元以上的未以亿元为单位;亿元以下、万元以上的未以万元为单位;不足万元的未以元为单位。

5.8.4 逻辑关系错误

图表内层级关系不清晰,存在数据逻辑关系错误和统计错误。层级关系应核查对应的包含关系,有逻辑关系应计算核验数据。带有比例关系的饼状图应查验合计数是否为100%,若因为四舍五入等因素导致合计数不是100%,应在图下注明。

示例 饼状图的合计数不等于100%正确示例

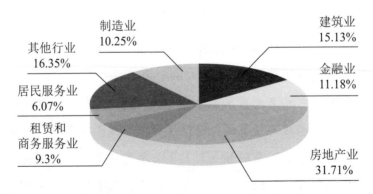

注:因四舍五入等因素导致合计数不足100%现象,下同。

5.9 机构和人员问题

5.9.1 信息错误

（1）机构名称错误。机构名称与实际名称不一致，采用不规范简称，或者与文前名单和内文其他部分中机构名称不一致。

（2）人员名字错误。同一人在人员名单和任免文件中名字不一致。

（3）职务名称或标注位置错误，尤其是级别注释，如有的标注为"主任科员级"，有的标注为"科级"；有的括注在单位后面，有的括注在人员名称后面。

（4）人员名单中有漏记或重复，如同一人、同一时期出现在不同单位或岗位。

（5）有的名字后面标注了任免时间，有的没标注，尤其是年度中期岗位调整人员，任免时间衔接错误。

简析： 机构名称应采用准确全称或规范简称，全书保持一致。人员名单应与任免文件仔细核对，或提请人事部门确认，避免同音错字。人员职务应与上年名单或任免文件仔细核对，确认任免职务、职级及时间，职级统一在人名后面括注，发生变化人员（提职、调职、退休）应及时在名单中处理。

5.9.2 任免文件不规范

（1）有的任免文件加发文单位，有的只有文号而没有发文单位；有的内容注明决定日期，有的没有注明。

（2）党内发文单位没有加"中共"两个字。

（3）职务名称不全，如"省局局长"。

错例 ××××年×月×日，××局委员会印发×党委发〔××〕××号文件，经研究决定，×××同志为××局书记，××同志不再担任××局书记。

简析：任免文件应使用发文单位全称，是否有决定日期应全篇统一。党内发文应使用全称，如"中共××局党委"。职务应使用规范全称"××局党委书记"。

5.9.3 层级关系错误

（1）不同机构隶属关系错误。

（2）人员排序方式不一致，如有的按党内职务排序，有的按行政职务排序。

错例 局长、党委副书记 ×××（按行政职务排序）

党委副书记、副局长 ×××（按党内职务排序）

简析：本错例为行政职务和党内职务混排。人员一般按党内序列排序，特殊情况应注明，避免不同排序方式混排。应仔细核对人事部门提供的机构人员名单，尤其是电子版在传递过程中极易出错，排版后应仔细核查机构间层级关系是否有误。

5.10 大事记问题

5.10.1 选材问题

大事记内容应包括上级部门有关工作的指示，重要会议、重要活动、重大事件，以及政策的重大调整和举措等。有些大事记写成了领导的工作日志，罗列许多日常工作、内部会议、常规调研等内容，如多次研究某项工作、多次主持召开例会等内容。

错例1 ×月×日，××局党委书记、局长×××主持召开工作例会。（工作例会并非大事）

错例2 ×月×日至×月×日，××总局党委对××局党委开展为期45天的常规巡视。××局党建工作处作为牵头部门，完成巡视工作的各项任务。（未介绍其重要性、特殊性及具体内容）

5.10.2 表述问题

（1）事件缺少背景、过程、结果等内容，如只记录了会议名称，缺少会议主要内容、成果等。

（2）表述顺序有误，将事件（会议）放在后面，而将出席或参加人放在了前面。

错例1 ×日，召开××工作会议。

错例2 ××局局长××参加国务院总理李强7月31日主持召开的国务院常务会议，学习贯彻习近平总书记关于当前经济形势和做好下半年经济工作的重要讲话精神，讨论《中华人民共和国仲裁法（修订草案）》和《中华人民共和国国家公园法（草案）》。

简析：大事记应完整表述事件背景、过程和结果；表述顺序一般为事件在前，参加人在后。规范表述如下：

示例1　×月×日，××工作会议在××召开。传达学习××精神，总结××年工作，部署××年××任务；总结××系统"不忘初心、牢记使命"主题教育工作。

示例2　7月31日，国务院总理李强主持召开国务院常务会议，学习贯彻习近平总书记关于当前经济形势和做好下半年经济工作的重要讲话精神，讨论《中华人民共和国仲裁法（修订草案）》和《中华人民共和国国家公园法（草案）》。××局局长××参加会议。

5.10.3　名称问题

（1）领导职务不准确，首次出现未使用全称，或者人名在前而职务在后，如"×××局长"。

（2）会议名称未使用准确全称，如"人大四次会议"。

（3）国外组织名称、英文缩略语或软件系统名称直接使用英文名，并且未加注解。

错例1　总局×××局长

错例2　人大四次会议

错例3　EU

简析：领导职务应使用规范全称，顺序为"单位—职务—人名"；会议名称使用规范全称；英文名应加注解。规范表述如下：

示例1　国家广播电视总局党组成员、副局长×××

示例2　第十三届全国人民代表大会第四次会议

示例3　欧盟（EU）

5.10.4　时间问题

（1）时间记录不准确，如误将报到时间列入会议期间等。

（2）普通事件时间记录过于详细，如×月×日上午几时。

（3）同一事件在同一日期内多人参与分条列举，未作合并阐述。同一日期内事件的编排顺序不同，有的以领导行政序列为序，有的以事件重要性为序。

（4）跨日期或跨月份事件，有的记录在起始日期（月份），有的记录在结束日期。

错例　×月×日上午，××局局长××参加A会议。

简析：事件的时间应以该事件具体发生的时间为起点，如会议正式开始的时间；除特殊事件外，同一日不必详写上午、下午及具体时间点；每个日期所有事件的编排顺序要一致，按照事件重要性、领导职务、发文时间顺序排列；跨日期或跨月份事件，应统一在起始日期（月份）记录。规范表述如下：

示例　×月×日，A会议在××召开，（主要内容）。××局局长××参加会议。

5.11 法规文件问题

5.11.1 文件名称不规范

（1）文件名称中有的带发文单位，有的不带发文单位。

错例 国务院《关于废止和修改部分行政法规的决定》

示例 《国务院关于废止和修改部分行政法规的决定》

简析： 文件名称应与实际发文名称保持一致。

（2）有的文件中意见、办法、方案等应加书名号的未加。

错例 关于修改计算机软件保护条例的决定

示例 国务院关于修改《计算机软件保护条例》的决定

（3）直接使用不规范简称。

错例 《征管法》《税收征管法》

示例 《中华人民共和国税收征收管理法》

《税收征收管理法》（以下简称《税收征管法》）

简析： 文件应使用全称，也可使用规范简称。使用其他简称要括注缩略语。

5.11.2 文件号不规范

（1）文件号未写全或写错误。

错例 2016年77号公告

示例 财政部公告2016年第77号

（2）文件号张冠李戴。

错例　误将"沪函"写成"总函"

（3）文号简称不规范。

错例　129号文

示例　财税〔2016〕129号文

5.11.3　发文日期错误

误将发文日期与通过日期、生效日期、印发日期混淆。正确的发文日期应是发文单位署名、盖章处的日期。

5.12　调研文选问题

5.12.1　占用篇幅过多

有些年鉴收录的调研文章一篇就一两万字，文选篇成了论文集，占据年鉴较大篇幅。

简析：调研文选为年鉴一次文献辅助类内容，所占篇幅不应过多，不宜超过10%。文选部分应对每篇文章的字数加以限制或以摘要形式收录。如果文章过多，可采用压缩文字或收录部分主要文章的方式，其他文章以目录形式收录。

5.12.2　参考文献不规范

有的文稿中引文未标注出处；有的参考文献未按照规范标

明相关要素，如作者不全、题名不准确，未标识文献类型、出版地、出版者等。

错例 《征管体制改革迈向现代化》，李丽辉、吴秋余，人民日报，2015年12月24日

示例 李丽辉，吴秋余.征管体制改革迈向现代化［N］.人民日报，2015-12-25（03）.

简析：引文是引自他人作品或文献资料的语句，对学术著作的观点起支持作用，凡引用的资料都应真实、详细、完整地注明出处。参考文献应按照规范列示所有相关要素（详见"4.12　参考文献"）。

5.12.3　收录时效错误

（1）已经公开发表过的文章，收录时未注明原载媒体，或违反原载媒体版权声明，引发侵犯版权问题。

（2）有些年鉴存在跨年度收录文章的情况，如2024卷年鉴应收录2023年的内容，但收录的文章却是2022年度或更早年度发表的。

简析：收录文章应确认版权归属；选择在收录年度内发表的文章，尽量避免选择跨年度发表、内容过于陈旧的文章。

5.13 附录问题

5.13.1 收录年鉴主体内容

有些年鉴误将重要文献、法规文件、机构人员名单、大事记、统计资料等年鉴主体内容收入"附录"。

简析：重要文献、法规文件、机构人员名单、大事记、统计资料虽然为辅助资料，但也是年鉴内容组成部分，应单独成篇或在附录前篇目内收录。

5.13.2 该入附录的未收录

有些年鉴中应属于附录的便览性内容，没有收入附录中，而是另起名称独立成篇。

错例 右图误将附录内容"出版物"单独成篇

简析："出版物"并非该年鉴的主体内容，而是便于查考的资料，应该置放在附录中。

```
四  社会活动
五  展览竞赛
六  印学论著
七  篆刻教育
八  出版物
附录一  海外印坛
编后记
```

5.13.3 不应编排章节序号

很多年鉴在编排内容时，将附录与正文内容一并编排，延续篇目序号，如"第十一篇　附录"。

简析：附录要体现其特殊性，区别于正文篇目，不必编排序号，"附录"即可。

5.14 文字问题

5.14.1 词语表述不规范

部分用词不规范表述与规范表述对照，见表5-2。

表 5-2 部分用词不规范表述与规范表述对照

不规范表述	规范表述
总局	工商总局、税务总局等
教育实践活动	党的群众路线教育实践活动
党纪学习教育活动	党纪学习教育
三公经费	"三公"经费
一把手	"一把手"
人大（副）主任	人大常委会（副）主任
份量	分量
警钟常鸣	警钟长鸣
国际间	国际
明查暗访	明察暗访
平米	平方米

5.14.2 易错字词辨析

5.14.2.1 做和作

习惯上，具体东西的制造一般写成"做"，抽象的、书面语言色彩重的词语，特别是成语里，一般都写成"作"。

做单音节动词用，多数用"做"，少数用"作"，其宾语内容也比较抽象。宾语是动名词的，一般也用"作"，如作报告、作调查、作动员。

常用搭配：

作报告、作总结、作斗争、作动员、作难、作陪；做伴、做东、做法、做主。

做客： 访问别人，自己当客人——到亲戚家做客。

作客： 〈书〉寄居在别处——作客他乡。

做法： 〈名〉制作物品或处理事情的方法——这种做法很好。

作法： 〈动〉旧时指道士施行法术；〈名〉作文的方法——文章作法。

5.14.2.2 计和记

计： 〈动〉计算——计分，总计，数以万计；总计（常用于统计或分别列举）。

记： 〈动〉把印象保持在脑子里——记忆，记性，记得，记不清；记录，记载，登记——记事，记账。

常用搭配： 计入总额、借记××科目。

5.14.2.3 形与型

在现代汉语中，"形"重在指外在，"型"重在指类型。

形： ①形状：方形，圆形，图形，地形；②形体，实体：有形，无形，形影不离；③显露，表现：喜形于色，形诸笔墨；④对照，比较：相形见绌。

型： ①模型：纸型，砂型；②类型：脸型，血型，小型，新型,流线型,型钢,型号。

常用搭配:U形曲线、M形曲线;T型台、型钢。

手形:手做出的样子。如兰花指之类。

手型:手的大小、胖瘦、骨结构等特征的类型。

5.14.2.4 查与察

查:①检查:盘查,查收,查户口;②调查:查访,查勘;③翻捡着看:查词典,查资料。

察:①仔细看,调查:观察、察验;②姓。

常用搭配:查办、查处、查封、查结、查实、查账。"查"主要强调的是"检查、调查";"察"除了强调"调查"外,还强调"仔细看"。

公务人员有关的称呼用"察"不用"查"。例如,"检察院""检察官""警察""督察内审"等。

考察与考查的区别:

"考查"指"用一定的标准来查看评定"。"考查"带有考核、检查的意思,常用于上级对下级、老师对学生等。例如:考查干部的工作成绩、考查学生的学习效果。

"考察"是"实地观察了解"的意思。例如:考察国外水利工程、考察环保产业现状。

两者的目的和对象都不相同。

检查、监察、检察的区别:

检查:为了发现问题而用心查看。多指核对、查出问题。

监察:用于对机关或工作人员的监督考察及检举。多指监测、监视、监控。

检察：是指国家的法律监督机关（我国专指人民检察院）为了履行法律监督职责而审查一定法律事实的活动。多与国家机关相关。

"检查"与"检察"主要区别在"查"与"察"上，"查"是查看、核查，而"察"是考察、研究。前者重点在对比上，后者重点在研究上。

督察与督查的区别：

"督察"是一个名词，表示的是某一部门或职能；而"督查"则是一个动词，表示的是具体实在的某一项行动或行为。

督查：督促检查。如2016年2月国务院办公厅印发的《2015年国务院大督查情况通报》中关于"党中央、国务院高度重视加强督促检查、狠抓工作落实"的提法，以及2014年8月国务院办公厅印发的《关于进一步加强政府督促检查工作的意见》。

督察：职能机构。如1997年国务院颁布的行政法规《公安机关督察条例》，将督察作为公安机关的一项专门监督制度规定下来。2006年7月印发的《国务院办公厅关于建立国家土地督察制度有关问题的通知》，宣布建立国家土地督察制度，并设置"国家土地总督察"等职务和机构。

5.14.2.5 坐与座

坐：两人席地而坐，是静态。如坐落、坐标、坐地、坐观。坐席：①坐到演戏的座位上，泛指参加宴会；②同座席。

座：在屋里就坐，坐具。如座位、座上客、座谈。座席：

座位、席位。如12366纳税缴费服务座席。

5.14.2.6 和、及、以及

三个词都是连词，单独使用时可以连接两项，也可以连接多项。连接多项时，往往用在最后两项之间。同时使用时，连接多项，使用顺序是先用"和"，再用"及"，最后用"以及"。

和：①连接并列成分，表示平等的联合关系，可连接名词性词语，也可以连接动词性词语。例如："拳头和眼泪解决不了问题，现在需要的是理智。""这些法律条文要逐条地进行学习和讨论。"②在连接的两项之间表示选择关系。例如："你的去向是要在工作和继续深造之中做出选择。""他去和不去，都不会对我们的谈判有什么影响。"

及：多限于连接并列的名词性成分，后面可以用"其"。多用于书面语。①所连接的词语意义重心在"及"前。例如："邮票、火花及各种旅游门票都在他的收藏之列。"②所连接的各项词语并重。例如："大连、青岛及上海等港口城市，在经济改革中具有同等重要地位。"

以及：表示并列的联合关系，使用范围比"和、及"大一些，除像"和、及"那样可以连接词语外，"以及"还可以连接短句。"以及"后面可以用"其他"，多用于书面语。①连接同类事物，有时表示前主后次，有时表示先后有别。例如："书本、文具，以及其他学习辅助用品要事先准备好。"②连接不同类的事物，不分主次。例如："怎么生产，以及怎样营销要事先策划好，要制订一个周密的切实可行的计划。"

5.14.3 其他文字错误

5.14.3.1 词组成分不足

××被授予"全国三八红旗手"、××单位被授予"全国文明单位"等,均少"称号"二字。

简析:应改为××被授予"全国三八红旗手"称号、××单位被授予"全国文明单位"荣誉称号。××单位被评为"先进集体",被评为"××××"不应加"称号"。

5.14.3.2 简写"亿元""万元""平方米"等

"投资56万"应改为"投资56万元";"2000亿"应改为"2000亿元";"8000余立方"应改为"8000余立方米"。

5.14.3.3 口语化

"总收入1个亿"应改为"总收入1亿元";"3个多亿"应改为"3亿多元"。

5.14.3.4 "万余(多)元"和"余(多)万元"的误用

"查处金额107余万元"应改为"……107万余元""查处金额100万余元"应改为"……100余万元";"2051.3多万元"应删除"多"。

简析:"万余(多)元"是指超出部分不足1万元;"余(多)万元",是指超出部分1万~9万元;当尾数不是整数时,则不能再用"余"或"多"。

5.14.3.5 关于原职务和时任的用法

"原税务总局副局长××"应改为"税务总局原副局长××"(单位名称未发生变化);"劳动保障局原办公厅主任"应改为"原劳动保障局办公厅主任"(单位名称发生变化)。

"××局时任副局长××"应改为"时任××局副局长××"。

简析:如果单位名称未发生变化,只是职务发生变化,"原"字在单位后面职务前面;如果单位名称变化,职务跟着变化,"原"字在单位前面。

时任是某人过去的某个时间担任某职务,"时任"通常置于职务前面。如果表述中有具体时间限定,可不使用"时任",如2013年5月8日,××局副局长××……(时间在其任职内)。

5.14.3.6 标点符号错误

比例号误为冒号,如"2:4:3"应为"2∶4∶3";书名号错误,如《人民日报》社应为人民日报社。

5.14.3.7 缺字漏字

分别增长2(个)、3(个)和4个百分点,1.56亿(元),2005(年),公务员77(人),区公安(局),市委、(市)政府。

5.15 质检常见差错

5.15.1 文字（图片）差错

5.15.1.1 词语差错

有的年鉴表述中存在多字、漏字、错字现象。例如："涉及到""归属于"，多了"到""于"字；"627余名干部"，多了"余"字；"58家样本"应为"58家样本企业"，漏了"企业"两字；"信息服务业"写成"信息服输业"；"认真落实"写成"认证落实"。

随意使用中英文缩略语或简称，未使用全称或未进行中文说明。例如："集采""招采"应改为"集中采购""招标采购"；"LNG加注船"应改为"液化天然气（LNG）加注船"；"GloBE规则和STTR实施方案"，应改为"全球反税基侵蚀（GloBE）规则和应税规则（STTR）实施方案"。

专业用语使用不准确，如"脱贫县脱贫摘帽"，应改为"贫困县脱贫摘帽"。

5.15.1.2 逻辑性、语法性差错

词语搭配不当。例如："创建……技术"应改为"创新……技术"；"增幅全省第一"应改为"增幅位居全省第一"；"党领导下取得的发展足迹"应改为"党领导下取得的发展成就"或"党领导下的发展足迹"；"展开持续争鸣"应改为"持续展开争鸣"；"（教育部牵头）加快学历证书和职

业技能等级证书互通衔接。"应改为"加快学历证书和职业技能等级证书互通衔接（教育部牵头）。"；"改革初期将不确定因素由清算解决，"应改为"改革初期的不确定因素由清算解决……"

语句缺主语。例如："用以指导协会"；"在我国，加速推动……"，可调整为"我国加速推动……"。

5.15.1.3 相关文字、数据不一致

文前内容与正文内容不一致，或者目录标题与内文标题不一致。

标题在目录、内文、思维导图等不同位置内容及表述形式不一致。例如，"××在《人民日报》发表署名文章""《人民日报》发表××署名文章"。

内文与图表数据不一致。例如，内文是"88916人"，图表中却是"91083人"。

目录与正文顺序层级不一致。例如，目录中沈阳市为辽宁省的下一级，但正文中却是同级。

5.15.2 符号差错

符号差错，是指标点符号或计量单位等错误。标点符号错误例举如下：

（1）以逗号引领分号，例如，"其中，万头牛场有2个，存栏占比30%；千头牛场有1个，存栏占比15%"，"其中"后逗号"，"应改为冒号"："。

（2）顿号漏用或误用逗号，例如："云南省委省政府"应改为"云南省委、省政府"；"我国青少年期刊种类众多，门类丰富"应改为"我国青少年期刊种类众多、门类丰富"。

（3）书名号错用括号，如"文章为《写在（大学生从军报告）之外》"，应改为"文章为《写在〈大学生从军报告〉之外》"。

（4）问号错用句号，如"如何突出重围，"应改为"如何突出重围？"。

5.15.3　格式差错

常见的版面格式错误有四种类型：

（1）不统一，主要是同级别正文体例不统一。例如，有的年鉴双栏排版中，左栏行数与右栏行数不一致。

（2）不配套，主要是文图、文表不配套，续表漏排表头，正文注码与文后注码不对应。例如，内文注明"详见图2-1"，但"图2-1"的内容并非是内文阐释内容。

（3）不呼应，主要是图表号与正文不呼应，图表内各元素不呼应。例如，表格中表头为"管辖范围"，表内却是职务；图名时间为"2020—2023年"，图中却没有2023年数据。

（4）不规范，主要指各种附件及构成与正文排版格式不规范。例如，标题转行时将实词拆分为两行，国家领导人的名字拆分为两行等。

5.16 封面和图书书名页问题

封面和图书的书名页（扉页、版权页）好似一本书的"脸面"，载有图书的重要信息，是区别于其他图书的主要信息源。根据《图书质量管理规定》中图书编校质量差错率计算方法的具体规定，封面、扉页上的文字差错，每处计2个差错，高于正文文字每处计1个差错的要求。这体现了封面和书名页文字的重要性。

5.16.1 要素缺失

封面和图书书名页上缺少规定的必要信息，如缺少书名、著者、出版者三要素中之一。

（1）以图书（书号）形式出版的年鉴，著者是扉页要素之一，但一些年鉴的扉页却没有列载此项。有些图书未按规定在版权页列载出版责任人（责任编辑）。

（2）以期刊（刊号）形式出版的年鉴，未列主管主办单位。

5.16.2 信息不规范

封面和书名页（扉页、版权页）上的信息未按规范使用。

（1）以图书（书号）形式出版的年鉴，书名和其他信息区分不清；作者后未标明著作方式；封面、书脊上未出现出版社名称，或只在书脊上出现出版社名称；版权页未置放在扉页背面,即双数页码面;版权页信息标注不规范,如开本标注不规范。

(2)以期刊(刊号)形式出版的年鉴,增刊冠以副标题或其他名称;中国标准刊号未按规定位置规范放置。

错例1 开本标注无计量单位:

> 开　本:787×1092　1/16　　　　印张:47.25
> 印　次:2013年9月第1次印刷

错例2 开本标注缺一项计量单位:

> 2014年11月第一版
> 开本:787×1092毫米　1/16

简析:正确标注为787毫米×1092毫米。

5.16.3 信息不一致

封面与扉页、CIP、版权页信息不统一。

(1)以图书(书号)形式出版的年鉴,封面标注的书名、著者名、著作方式与扉页上、版权页标注的不一致,如有的封面标注"编",扉页和版权页却标注"编著";版本记录信息与CIP内容不一致,如CIP内容中的著作方式为"编",版权页中的著作方式为"著";版权页书号与封底条码书号不一致。

(2)以期刊(刊号)形式出版的年鉴,封面刊名、主管主办单位与版权页刊载的名称、主管主办单位不一致。

5.17 文前及排序问题

5.17.1 文前名单问题

文前名单一般包括编委会成员、审稿人和撰稿人,由作者提供,存在以下问题:

(1) 名单中人名、职务有不准确现象。

(2) 名单未注明排列顺序,或顺序有排错现象。

(3) 表述不统一,如"编辑委员会"和"编纂委员会"两种不同表述,书名年份有的在书名号外、有的在书名号内。

简析:名单中名字(尤其是编委名字)可参照文前图片、机构人员名单加以核实;可按行政顺序或笔画顺序排序,分别核查核验;名单名称应表述统一;书名年份在书名号内(刊名除外)。

5.17.2 编辑说明问题

(1) 表述内容比较随意,有的无编辑方针或基本情况,有的表述欠规范。

简析:年鉴应当设编辑说明,主要介绍年鉴编纂的基本依据、指导方针、地域范围、时间界限、记述内容、类目设置、资料来源等事项。编辑说明应准确、精练,表述规范。

(2) 表述顺序混乱,文中述及的篇目名称、顺序及内容表述与内文不一致。

简析：编辑说明阐述顺序应进行体例的统一。可参照如下顺序：年鉴基本情况介绍（含首部年鉴情况）；本卷年鉴内容介绍；本卷年鉴供稿撰写说明；其他说明（如机构名称简称、特殊表述等）。

编辑说明中关于正文的内容介绍，如篇目名称、排列顺序及各篇收录内容应与内文保持一致。

（3）文尾致谢、落款、标注时间。

简析：《关于地方综合年鉴编纂出版若干问题的补充规定》规定，编辑说明可不致谢、不落款、不标注时间。

5.17.3 编排顺序问题

（1）文前名单、文前图片、编辑说明排序错置。

（2）文前领导照片排序与内文领导讲话文稿排序不一致。

（3）各单位及名称排序与机构名单不一致。

（4）不同单位同类条目排序不一致。

简析：年鉴稿件应编排有序且全书保持一致，编委名单等文前名单是成书的前提，应排在最前面；单位、领导排序及名称应与人事部门机构人员核对，保持前后一致及准确性；业务内容排序可按照业务工作的重要性排序；同类条目应核对年鉴大纲，各单位按照统一顺序编排。

附录：相关规定

年鉴编纂出版名词术语[①]

《年鉴编纂出版名词术语》是全国科学技术名词审定委员会委托中国出版协会年鉴工作委员会（年鉴研究会）组织实施的一项研究课题。研究工作于2014年3月启动，至年末告一段落，初步形成一批年鉴编纂出版名词术语选题及释文。

年鉴（almanac, yearbook, annual）
全面记述事物年度发展、逐年编辑、连续出版的资料性工具书。

年鉴意识（knowledge of almanac）
对年鉴性质、特征、功能等基本属性的理解和认知。

年鉴性质（nature of almanac）
年鉴所具有的区别于其他出版物的属性、特征和功能定

[①] 许家康.年鉴编纂出版名词术语[M]//王守亚.年鉴论坛：第六辑.北京：长城出版社,2015.

位。主要包括年度性、资料性、连续性和工具性。

年度性（annual）

年鉴基本属性之一。记录发展变化、汇集文献资料以年度为基本单元。

资料性（documentary）

年鉴基本属性之一。以客观记录发展变化、系统汇集文献资料为主要内容。

连续性（continuity）

年鉴基本属性之一。一般逐年编辑，连续出版。

工具性（instrumental）

年鉴基本属性之一，包括检索性。内容资料为读者检索而选，为读者检索而编。

检索性（indexability）

见工具性。

年鉴功能（function of almanac）

年鉴所能发挥的效能。年鉴的主要功能是记录现实，为现实服务，同时具有存史功能。

年鉴作用（effect of almanac）

年鉴所能发挥的效用。包括窗口作用、传播作用、参考作用、指南作用等。

年鉴史（history of almanac）

年鉴起源于历书。16世纪，现代意义的年鉴（Almanac）出现在欧洲；同时，在欧洲本土出现了Yearbook类年鉴，稍后又形成Annual类年鉴。17世纪，欧美年鉴随工业化的发展而发展，于19世纪下半叶、20世纪上半叶传播到世界各地。中国于1864年开始编纂年鉴，1980年以后步入快速发展时期。

年鉴类型（type of almanac）

从内容或形式上对年鉴特征进行概括、归并所形成的年鉴分类。如从内容上着眼，年鉴可分为综合性、专业性等类型；从载体形式上着眼，年鉴可分为书本型、电子版、网络版等类型。

综合性年鉴（almanac）

全面收录世界或地方多个领域基本情况和基本资料的年鉴。依其反映的地域，可分为世界综合年鉴、国际综合年鉴、国家综合年鉴及一国之内的地方综合年鉴等。

专业性年鉴（yearbook, annual）

专门收录某个特定专业（学科）领域或部门、行业、企事业单位基本情况和基本资料的年鉴。依其反映对象和涉及的范围，可分为学科年鉴、界别年鉴、行业年鉴、党政机关和企事业单位年鉴。

专题性年鉴（thematic yearbook）

收录范围约定在某一专题或主题之内的年鉴。其内容往往是跨行业、跨地域、跨专业的，如《中国民族年鉴》《中国记录年鉴》等。

知识性年鉴（knowledge-based yearbook）

按知识领域分类，重点反映学科动态、成果或知识积累与创造，具有较强知识性的年鉴。

纪实性年鉴（documentary yearbook）

按社会领域分类，重点反映特定领域动态、进展、数据，具有较强报道性的年鉴。

指南性年鉴（instructive yearbook）

以提供指南性资料为主要内容、具有较强实用性的年鉴。

记述性年鉴（descriptive yearbook）

以文字记述、说明为主要表现形式的年鉴。

图谱性年鉴（graphic yearbook）

以图片（照片、绘画）为主要表现形式的年鉴。

统计性年鉴（statistical yearbook）

以统计图、表和资料为主要表现形式的年鉴。

书本型年鉴（book-type yearbook）

以纸张介质为载体，采用文字排印技术、装订成册的年鉴，又称印刷型年鉴、纸质型年鉴。

电子版年鉴（electronic yearbook）

以光盘介质为载体，利用计算机技术制作和显示（解读）的年鉴，又称光盘版年鉴。

光盘版年鉴（CD yearbook）

见电子版年鉴。

网络版年鉴（online yearbook）

以互联网为载体的年鉴。包括单种年鉴网络版、在线年鉴、年鉴数据库等。

在线年鉴（online yearbook）

广义指一切通过互联网可利用的年鉴。狭义指编纂和利用具有互动性的年鉴。年鉴的编纂者提供框架和条目样条，利用者在使用过程中可以作出自己的记述、发表自己的见解、提出自己的补充，从而实现年鉴编纂和利用一体化。

年鉴数据库（almanac database）

集合多种数字化年鉴，具有跨年卷、跨年鉴检索功能的年鉴资源检索与利用的系统。

年鉴资源检索系统（almanac resources retrieval system）

见年鉴数据库。

年鉴数字化（digitization of almanac）

现代信息技术应用于年鉴编纂和利用的统称。年鉴的编纂和生产依托于数字化编辑和印制系统；年鉴的利用依托于数字化年鉴数据库。

百科年鉴（encyclopedia yearbook）

依附于"母体"百科全书、配合百科全书的编纂和修订的年鉴。

联合国年鉴（Yearbook of the United Nations）

由联合国及其所属分支机构编纂出版的年鉴。

国别年鉴（national yearbook）

以主权国家为记述对象的年鉴，如《中华人民共和国年鉴》《美国年鉴》等。

地方年鉴（local yearbook）

以某一特定地域为记述对象的年鉴，通常指一国之内的地域性年鉴。其主要特点是地方性鲜明。

Almanac 类年鉴（Almanac）

Almanac源于阿拉伯语，本意指时间、天气、宿营地，引申指历书、日历。16世纪，Almanac加入历书内容之外各种资料，形成年鉴。

Yearbook 类年鉴（Yearbook）

Yearbook本义指法庭案件的年度目录，后引申指记载上年度大事和统计资料的工具书。16世纪，Yearbook年鉴起源于英国。

Annual 类年鉴（Annual）

Annual作为形容词，意为一年一度；作为名词，有年刊、年鉴之意。18世纪，欧美出现以Annual命名的年鉴。

杂志型年鉴（annual magazine）

又称年刊杂志，是20世纪80年代在日本较为流行的年鉴形态。其特点是从形式到内容都强化年鉴的可读性，与主要供人浏览的杂志较为接近。

综合数据库型年鉴（integrated database yearbook）

20世纪90年代初日本受计算机数据库影响形成的年鉴形态。其特点是年鉴部类下模仿数据库形式形成统计、事件、动态等基本单元，主要收载反映发展变化的基本资料、基本事实和基本数据。

教科书化年鉴（textbook yearbook）

20世纪50—70年代在日本较为流行的面向中小学生的年鉴类型。其内容紧密配合学校教科书，增加学生日常学习适用的时政性、参考性、指南性资料，强化检索性，实行低价位营销策略，使年鉴成为中小学生日常学习的重要辅助读物。

读物型年鉴（readable yearbook）

日本20世纪70年代后期、80年代前期在教科书化年鉴式微后兴起的一种年鉴形态。其特点是一改教科书化年鉴辅助教学的特点，强调年鉴作为课外读物的趣味性、可读性。

年鉴类（yearbook class）

日本学术界对具有年鉴某些特征的出版物的统称。主要包括书名中使用年鉴、年报、年刊的出版物，具有连续出版特点的各类皮书、统计资料集、调查报告集、工作报告集、县市形势要览，以及具有连续修订性质的便览性、指南性资料。

年鉴体例（format of almanac）

年鉴组织形式和编纂规范的统称。包括框架设计规范、选题选材规范、条目编写规范、成书加工规范等。

范式化写作（writing paradigm）

年鉴条目编写规范化的一种形式。指按照年鉴体例和条目内容要素规范、记述程序要求撰稿。

主编主导型（chief-editor-oriented edit）

主编在年鉴编纂过程中起到主导作用。即主编主持编制年鉴编纂方案，主持制订编写体例，主持通审全书，使全书体例规范、风格一致，有明显的著述性和整体性。

编辑主导型（editor-oriented edit）

在年鉴编纂过程中缺乏统一领导的一种编纂形式。年鉴编辑按分工负责稿件的修改加工后，便合拢发排，全书整体性欠佳。

作者主导型（writer-oriented edit）

在年鉴编纂过程中缺乏统一领导的一种编纂形式。年鉴编辑部把众多作者提供的稿件稍加整理、修改就汇编成书，全书缺乏规范性。

编纂方案（scheme of compilation）

年鉴编纂工作蓝图。是贯彻年鉴编纂方针、规范年鉴内容、实现编纂目标的依据，包括编辑方针、成书规模、组稿方式、进度安排等。

编辑方针（guiding principle of editing）

年鉴编纂方案的主要内容之一。年鉴编纂工作的基本依据和指导方针，包括出版宗旨、指导思想、类型定位、读者定位等。

成书规模（book size）

年鉴编纂方案的主要内容之一。通常由记述范围、记述深度、记述方式、资料收集和处理能力等决定。

组稿方式（scout process）

年鉴编纂方案主要内容之一。年鉴资料的采集形式主要有：摘录和汇辑报刊资料，建立稳定编写队伍供稿，向特约撰稿人组稿，以及利用网络信息资源编辑等。

进度安排（agenda）

年鉴编纂方案主要内容之一。将年鉴编辑工作总任务具体分解为一个个责任明确的工艺环节，并进一步落实到每一部分稿件、每一个责任人；将年鉴出版日期作为总目标，实行倒计时安排进度，并具体落实到每一个工艺环节和每一部分稿件。

框架（framework）

年鉴基本内容的结构体系。作为年鉴编纂和选条的基础，其主要作用是：贯彻年鉴体例，框定年鉴内容，明确信息资料的归属和层次。

框架设计（framework design）

年鉴基本内容结构体系的构建过程。需要遵循的主要原则包括系统性、个性化和与时俱进。基本要求是有较高的概全率，从实际出发设立独具特色的栏目，合理安排信息资料。

分类法（classification, sorting process）

年鉴内容资料分类基本方法。指按信息资料的性质进行区分和归类，强调信息资料的同类性和从属关系。

主题法（thematic approach）

年鉴内容资料分类基本方法。指按不同的主题对信息资料进行区分和归类。所有主题相对而立，不强调主题之间的领属关系，通常按音序或字顺编排。

分类主题一体化（integration of classified subject）

同时采用分类法、主题法的一种方法。即在依据分类法完成年鉴框架条目设计，并以分类目录方式建立主要检索渠道的基础上，同时采用主题法编排内容、分析索引。

条目表（list of item, list of entry）

框架条目设计的最终成果，体现年鉴内容资料的分类体系，是年鉴编撰工作的基础和重要参照。

装帧设计（bookbinding design, book design, graphic design）

年鉴结构形式及其外观形态的设计。需要遵循的主要原则：鉴赏性、实用性相统一，包括开本设计、版式设计、封面设计等。

封面设计（cover design）

包括封面平面造型和书（刊）名、年卷号、出版单位（编纂单位）等要素设计，以及书脊、封底设计。封面的平面造型设计应稳中有变，变不离宗。

版式设计（format design）

主要包括版心规格、破栏、字体、字号、图表等设计。

版心规格（size of print area，size of type area）

页版面内正文所占幅面大小。即页版面减去天头、地脚和左右白边的尺寸。年鉴的版心幅面设计应依据工具书的性质和特点，以版心幅面最大化为原则。

破栏（column setting）

一般指版心的行款设计。16开本年鉴一般分两栏或三栏，32开本可不分栏。有时指图、表设计超出版心部分。

排版密度（layout density）

指与字体、字号、字距、行距等密切相关的版面设计。年鉴的字体、字号、字距、行距设计既要美观大方，又要符合工具书的特点，做到经济实用、方便检索，尽可能增大版面有效容量。

图表设计（graphic design）

将图表资料融入年鉴，使其成为年鉴内容的有机组成部分。一般要求合理布局、适当剪裁、爱惜版面。

开本设计（format design）

年鉴书型选择。通常要考虑年鉴的篇幅容量、市场定位和既定风格，并贯彻国家标准。符合推荐性国家标准的年鉴开本是：A4（210毫米×297毫米）、A5（148毫米×210毫米）等。

体例审读（manuscript editing）

年鉴编辑工艺流程的中心环节。按照年鉴体例规范对作者来稿进行快速浏览，目的是进行体例判断和体例把关。将符合体例规范的文稿收转下一工作环节，将不符合体例规范的文稿退给作者重写或修改。

编辑加工（edit）

年鉴编辑工艺流程的中心环节。这是全面提高年鉴书稿质量的关键环节，对作者的稿件进行全面加工和修改，使其达到出版要求。主要包括：合理剪裁、厘清层次、化繁为简、纠正差错、克服语病、浓缩文字、修辞润色、统一格式。

统编（overall compilation）

年鉴成书加工的重要环节。合拢书稿的各个部分进行通审、加工成书。

主编（chief editor）

年鉴编纂的核心人物，在编纂过程中处于主导地位。主要职责包括策划设计、营造环境、总纂把关和流程控制四个方面。

策划设计（design）

年鉴主编职责之一。具体包括编纂方案制订、体例设计、框架设计、装帧设计等方面。重点是做好年鉴定位、定向策划和特色化、风格化设计。

营造环境（atmosphere creation）

年鉴主编职责之一。指致力于营造有利于年鉴生存发展的外部条件和内部环境。

总纂把关(overall compilation)

年鉴主编职责之一。主要包括：及时解决各个编辑工艺环节遇到的问题；加强协调，实现全书的整体性；妥善处理领导审稿、专家审读和出版社审稿的意见。

流程控制(flow control)

年鉴主编职责之一。主要包括：制订编辑工艺流程和工作进度图（表），使编辑出版工作有序进行；建立目标管理责任制，调动每一位工作人员积极性；督促检查和灵活协调，确保目标实现。

综合情况(comprehensive situation)

年鉴内容组成部分。年鉴对应领域基本情况的综合概括，通常以概况、概貌、总述、综述为栏目。

动态信息(dynamic information)

年鉴内容组成部分。年鉴对应领域年度发展变化情况，通常分为若干部类。

附属资料(affiliated document)

年鉴内容组成部分。年鉴对应领域年度内形成或与对应年度、对应领域相关的有存查价值的实用性、指南性资料，又称辅助资料。通常包括权威人士言论、工作报告、统计资料、法规文件、大事记、附录等。

附录：相关规定

辅助资料（secondary data）

见附属资料。

检索系统（retrieval system）

年鉴内容组成部分。一般由书前的目录和书后的索引构成。

目录（content）

①按一定的分类标准和排列次序置于正文前的各级资料名目，反映年鉴内容分类和层次结构体系，是查阅年鉴内容的检索工具。②年鉴二次文献的一种，将同一主题的一批款目按一定次序编排而成的一种文献报道和检索工具。常见的有文献目录、产品目录和事实目录。

特载（feature）

年鉴类目。特载也称特辑，通常收载有特殊意义、重要价值、重大影响的文献。一般排在目录之后、其他类目之前。

特辑（special）

见特载。

专记（monograph）

年鉴类目。专记又称专文，通常是刊发年度内有重大社会影响的大事要闻的文章。

概况（profile）

又称概述、概览、综述、总述、概貌等。①年鉴中的综合

165

情况部类，是浓缩展现年鉴对应领域基本情况的窗口。②动态信息部类中概括反映部门、行业或地方基本情况的条目。见概况条目。

动态（dynamic）

某些大型纪实性年鉴的一级栏目。其内容着重反映特定领域年度发展变化情况。通常分为若干部类。

类目（class heading）

年鉴框架术语。又称部类，通常为年鉴条目框架中的第一层级。在某些大型纪实性年鉴中处于第二层级。

分目（classified catalog, sectional lists）

年鉴框架术语。处在类目与条目层级之间，既是类目的组成部分，又统领该部分的若干条目。

次分目（sub-series）

年鉴框架术语。在分目中设若干小类资料主题，统领若干条目。常见于篇幅较大、层级较多的年鉴中。

专题（specialized subject）

某些大型纪实性年鉴的一级栏目。其内容着重对年度热门话题作深度报道。通常由若干专栏构成。

附录（appendix）

年鉴类目。附在主体内容之后与主体内容有关的资料。通常具有指南性、便览性、超时空性等性质和特点。

年鉴记述重点(key description of almanac)

年鉴内容资料的侧重点。通常包括年鉴对应领域的基础信息和大事要闻。

基础信息(basin information)

年鉴记述重点之一。年鉴对应领域的基本资料，通常包括基本情况和基本指标数据。

大事要闻(record of important event)

年鉴记述重点之一。年鉴需要着重记述的年度内的重大事件、重要新闻。

年度性资料(annual document)

年鉴年卷号上一年度的信息资料。年鉴内容资料的主体，又称共时性资料。

历时性资料(diachronic document)

年鉴年卷号上一年度之前的信息资料。在年鉴中通常作为年度性资料的背景材料加以运用，也可单独用来诠释某个主题，又称回溯性资料。

共时性资料(synchronic document)

见年度性资料。

回溯性资料（historical document）

见历时性资料。

前瞻性资料（predictable document）

年鉴中展望、预测事物发展趋势和前景的资料，又称预测性资料。

预测性资料（predictable document）

见前瞻性资料。

稳定性资料（stable document）

年鉴中连续多年记述、标题（条头）不变、内容逐年更新的资料。通常用于反映基础信息。

动态性资料（dynamic document）

年鉴中反映事物发展动态、标题（条头）逐年更新的资料。通常用于反映大事要闻。

内向性资料（internal document）

年鉴中主要面向地方、部门、行业、单位内部读者的资料。具有宣传性、事务性、总结性较强的特点。

外向性资料（external document）

年鉴中主要面向社会各界读者的资料。具有基础性、新颖性、客观性较强的特点。

一次文献（primary document）

没有经过编选者编辑加工的原始性资料。年鉴中的一次文献主要类型包括法律、法规和行政规章，领导机关工作报告和公报文告，权威人士重要言论，有重要存查价值的学术论文、调研报告等。

二次文献（secondary document）

对一次文献进行加工（压缩、概括、抽象、整理、标识、绘制）而形成的线索性资料。年鉴中的二次文献类型主要包括文摘、目录、名录、题录、大事记、专项年表、解释性资料、统计表、统计示意图、照片、绘画作品、索引等。

文摘（abstract）

年鉴二次文献的一种。即文献摘要，是对文献内容进行准确、扼要而不附加任何解释或评论的简明表述。

名录（directory）

年鉴二次文献的一种。将事物名称按一定次序编排而形成的线索性资料。常见的有人名录、领导机关名录、事业单位名录、工商企业名录、科研机构名录、学术团体名录等。

题录（bibliography）

年鉴二次文献的一种。将文献标题按一定次序编排而形成的线索性资料。具体形式有表格式和开列式两种。

大事记(chronicle of important event)

年鉴二次文献的一种。按时序逐项记载重大事件的资料形式。通常分为年度性大事记和回溯性大事记。

专项年表(chronology table)

年鉴二次文献的一种。分门别类按时序记载重大事件、反映重要情况的资料形式。具体形式有开列式和表格式两种,是大事记的一种补充形式。

解释性资料(explainable information)

年鉴二次文献的一种。对条目、文章等正文内容进行补充或说明解释的材料。因与正文内容紧密相连,又称链接资料。

链接资料(linkage information)

见解释性资料。

统计表(statistical table)

年鉴二次文献的一种。用表格形式编排统计数据,反映事物发展变化的资料形式。具有直观性、便览性较强的特点。

统计示意图(statistical diagram)

年鉴二次文献的一种。用少量的文字、数据、线条和几何图形,概括说明事物发展变化的一种资料形式。具有直观性、便览性较强的特点。

附录：相关规定

照片（illustration, picture）

年鉴二次文献的一种。包括图片专辑和正文插图，是年鉴常见的形象化资料，具有年度性和资料性较强的特点。

绘画作品（painting）

年鉴二次文献的一种。常用作插图，多见于绘画年鉴和少儿年鉴。

索引（index）

年鉴二次文献的一种。把年鉴中有检索意义的内容摘出并标注出处页码，按一定次序排列，附在书后，供人查检用。常见的有主题索引（即综合内容索引）、内容分类索引。内容分类索引常见的有插图索引、表格索引、人名索引、地名索引、机构索引、广告索引等。

主题索引（subject index）

年鉴索引的基本类型。对年鉴主体内容进行主题分析而编制形成的综合索引。具有重组资料、整合信息、方便检索的特点。

索引比（index ratio）

目录数与索引数之比（一般以目录数为1），是反映索引深度的主要指标。

三次文献（tertiary document）

通过对大量事实、文献和数据资料进行筛选后经综合加工

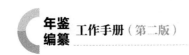

而形成的系统化资料。年鉴中三次文献的表现形式主要有文章（专文、综述、述评）和条目。

专文（monograph）

年鉴三次文献的一种。根据年鉴选题计划，由权威人士在大量占有材料的基础上撰写，具有指导性和权威性。

综述（literature review）

年鉴三次文献的一种。由业务权威部门撰写的，对部门、行业、学科的基本情况作全面记述的文章。

述评（commentary）

年鉴三次文献的一种。由业务权威部门撰写的，对部门、行业、学科基本情况在全面记述的基础上进行综合分析评价的文章。

条目（item 或 entry）

年鉴三次文献的一种。年度客观事实及相关情况、资料的集合体。条目化年鉴主体内容的基本寻检单元和相对独立的信息主题。

条目化（itemized）

年鉴内容体裁的选择。以条目作为年鉴主体内容的基本表现形式和基本寻检单元。

附录：相关规定

条目性质（nature of entry）

年鉴条目区别于其他内容体裁的根本属性。主要包括信息性、易检性、相对独立性。

条目特点（characteristic of entry）

年鉴条目区别于其他内容体裁的特性。包括形式特点和内容特点。形式特点是篇幅短小精悍，写法直入直出，内容要素规范，文风简约朴实；内容特点是着重记述年度客观事实及相关信息，资料性强，信息密集。

条目文体（literary style of entry）

年鉴条目采用的内容体裁。一般采用简明的记叙体或简明的说明体。

年鉴体（literary style of almanac）

年鉴文体及其规范的总称。以条目为代表，具有平实、准确、简洁、规范等特点。

条目类型（type of entry）

年鉴条目的分类形式。按内容性质可分为综合性条目和单性条目；按篇幅大小可分为特大条目、大条目、中条目和小条目；按是否稳定设置可分为稳定性条目和动态性条目；按读者对象可分为内向性条目和外向性条目。

综合性条目(comprehensive entry)

年鉴条目类型之一。综合反映事物总体情况和主要特点的条目，具有综合性、概括性较强的特点。具体形式有综述条目、概况条目和综合记事条目。

单一性条目(single entry)

年鉴条目类型之一。单独记述某一具体事物的条目，具有选题选材单一、内容记述具体的特点。

综述条目(review entry)

年鉴条目类型之一。综合概述部类总体情况的条目，偏重于揭示事物发展变化的特点及趋势，既综合概括，又适当分析。

概况条目(profile entry)

年鉴条目类型之一。概括反映部门、行业或地方基本情况的条目，概要记述事物发展变化的基本面貌。

稳定性条目(stable entry)

年鉴条目类型之一。连续多年设立、标题（条头）不变、内容逐年更新的条目。主要包括概况条目，经常性专项管理、专项业务条目等，是基础信息的主要载体。

动态性条目(dynamic entry)

年鉴条目类型之一。反映事物发展变化、主题（条头）逐年更新的条目。通常以年度内的新事物、新发展、新变化、新成果和新问题为记述对象，是大事要闻的主要载体。

内向性条目（internal entry）

年鉴条目类型之一。以行业、单位内部读者为主要对象而设立的条目，通常以日常事务、工作总结为主要内容。

外向性条目（external entry）

年鉴条目类型之一。以外界读者为主要对象而设立的条目，通常以基础信息和大事要闻为主要内容。

特大条目（oversize entry）

年鉴条目类型之一。字数在1000字以上的条目。

大条目（large-size entry）

年鉴条目类型之一。字数为500~1000字的条目。

中条目（medium-size entry）

年鉴条目类型之一。字数为300~500字的条目。

小条目（small-size entry）

年鉴条目类型之一。字数在300字以下的条目。

参见条目（reference entry）

与正条相对。有指引说明或仅有简单释文，需参阅正条的条目。

条头(title of entry)

年鉴条目标题。反映条目主题,是条目内容的聚焦点。

条目编写(compilation of entry)

年鉴条目选题、选材和写作,以及编辑加工的统称。

条目选题选材原则(principles of selecting entry)

年鉴条目选题选材的法则或标准。主要是从题材的社会价值和存查价值出发,着重择新择特、择大择要、求真求实,力求可查可用。

条目选题选材方法(methods of selecting entry)

年鉴条目选题选材的程序方法。主要是在详细占有材料的基础上,着重抓热点、抓重点、抓特点,并加以提炼、概括、归纳和汇辑。

条目内容要素规范(standardization of content elements of entry)

关于年鉴条目内容要素的标准。对不同类型条目规定不同的内容要素,是条目范式化写作的主要依据。

有效信息(valid information)

对年鉴读者有用或读者有可能用得着的资料,是衡量年鉴使用价值的基本指标。

无效信息(invalid information)

对年鉴读者完全没有用或读者根本用不着的材料。

死条（entry without retrieval）

年鉴中不会有人检索或无法检索的信息主题。

出版宗旨（publication mission）

又称编纂出版宗旨。年鉴出版宗旨应着重回答为什么要编，编纂中的年鉴要承担什么任务、达到什么目的等。

读者定位（reader-orientated publication）

年鉴面向的特定读者群，购买和使用年鉴的目标人群。

类型定位（type-orientated publication）

给策划中或编纂中的年鉴定个性。通常以面向市场和填补空白为原则。

出版周期（frequency of publication）

广义的出版周期包括稿件组织、编辑加工、出版、印刷四大环节，即从组稿到成书的全部时间。狭义的出版周期指年鉴书稿送交出版单位到印制成书的时间。出版周期是衡量年鉴编辑出版工作效率和年鉴时效的重要尺度。

年卷号（publication date）

年鉴编纂出版年份。年卷号上一年度的情况和资料是该卷年鉴的基本内容。

年鉴学（almanac studies）

以年鉴和年鉴事业为研究对象的专门学问。主要包括理论年鉴学、年鉴发展史、比较年鉴学、年鉴编纂工艺学、专门年鉴学、应用年鉴学等。

理论年鉴学（theoretical almanac study）

侧重研究年鉴和年鉴事业的基本理论问题。主要包括年鉴学的内容、特点、学科体系，中外年鉴发展史，年鉴的性质、特点、功能等问题。

应用年鉴学（applied almanac study）

侧重研究年鉴编纂和利用的实务问题。主要包括年鉴编纂工艺、年鉴经营管理、年鉴推广普及、年鉴开发利用、年鉴效能评价等。

比较年鉴学（comparative almanac study）

侧重研究不同国家、地区年鉴和年鉴事业的发展历史、特点、相似性和差异性、基本发展规律等问题。

（顾　　问：孙关龙

　主　　编：许家康

　撰　　稿：李国新　王守亚　莫秀吉

　条头英译：陈　尉）

全国年鉴编纂出版质量检查推优方案

（2023年12月22日　中版协鉴字〔2023〕17号）

一、指导思想和宗旨

年鉴编纂出版质量检查推优以马克思列宁主义、毛泽东思想、邓小平理论、"三个代表"重要思想、科学发展观、习近平新时代中国特色社会主义思想为指导，检阅第六届年鉴编纂出版质量评比以来五年的年鉴编纂出版质量，展示规范与创新成果，树立新的学习标杆，提高年鉴编纂队伍整体素质和年鉴编纂出版水平，促进全国年鉴事业高质量发展。

二、检查推优原则

坚持解放思想、实事求是、与时俱进，坚持创新与规范并重，坚持公开、公平、公正原则，对有政治性差错、违反国家有关出版规定和编校质量不合格的参评年鉴实行一票否决，取消其参与检查推优资格。对于地图、专辑图片、内文插图，以及文字记述中出现严重错误以致会造成不良影响的情形，建议不要申报。

三、检查推优组织

检查推优工作在中国出版协会领导下，由中国出版协会年鉴工作委员会（年鉴研究会）组织相关专家进行评审。

四、参与资格

参评年鉴为中国出版协会年鉴工作委员会（年鉴研究会）会员单位编纂出版的年鉴，并在2019—2023年按照本会《管理办法》规定按时缴纳会员服务费（入会未满5年的单位从办理入会手续年度算起），5年内连续2年未缴纳会员服务费的取消参与资格，非会员单位需办理入会手续并缴纳服务费后才可参与。

五、推优范围

中国出版协会年鉴工作委员会（年鉴研究会）会员单位在2019—2023年编纂出版的各类年鉴（纸质），包括中央级年鉴、企业年鉴、省级综合年鉴、城市综合年鉴、地州区县综合年鉴、地方专业年鉴、高校年鉴、乡镇街道年鉴等。参与单位可在对5年内公开出版的年鉴进行自评基础上，选送一卷参评。

六、推优等次

本届检查推优等次分为特优、优秀、良好、合格、不合格。

七、推优时间

本届评比申报从2024年3月1日开始，填写申报表，并将参评年鉴一式四份寄送至指定地点。2024年5月开评，上半年结束。

八、检查推优内容及计分标准

（一）框架设计（20分）

1. 体现时代精神和年度特点；（3分）

2. 个性鲜明，具有地方、行业特色；（3分）

3. 综合情况、动态信息、附属资料、检索系统四大部分内容结构合理，有机融合；（3分）

4. 资料门类齐全，一、二、三次文献配置合理，占比适中；（4分）

5. 资料分类科学、合理、严谨，栏（类）目、分目标引准确、简洁、规范；（4分）

6. 层次清晰，编排合理，目次排列有序。（3分）

（二）内容编写（33分）

1. 条目编写（22分）

（1）条目动态性选题较多，题材新颖，主题鲜明；（5分）

（2）条目有统一的设条标准和选材原则，条目独立性、年度性、资料性较强；（5分）

（3）条目内容要素齐全，核心资料比较完整；（4分）

（4）条目标题中心词突出，题文相符，精炼简约，便于检索；（4分）

（5）条目体裁运用得当，文字简明扼要，述而不论。（4分）

2. 其他内容编写（11分）

（1）专记、特辑编写（3分）

选题得当，主题鲜明，规模适中，符合年鉴编写规范。

（2）大事记编写（4分）

选题选材精当，文字简约，与正文交叉重复处理较好，排列有序，查找方便。

（3）统计资料、附录编写（4分）

有一定数量的统计资料（包括统计表和统计图），编排符合规范；附录实用性较强。

（三）装帧设计（17分）

1. 版式设计（13分）

（1）全书版面设计符合年鉴资料文献出版物的要求，版面信息容量较大，留白较少，符合版面规范；（3分）

（2）全书各级标题设计合理、统一，区别明显，美观大方，书眉设计规范有特色；（2分）

（3）文、图、表之间搭配得当，形式丰富多彩，内容统一、表述规范，文、图、表安排符合出版要求，视觉效果较好；（2分）

（4）封面构图新颖、特色鲜明、庄重大方；（2分）

（5）彩版主题突出，构图新颖，画面清晰，图片大小适中，文字说明规范、要素齐全；（2分）

（6）随文图片位置恰当，主题鲜明，内容与条目文字结合紧密，图注规范、简洁、要素齐全，能达到以图辅文的效果。

（2分）

  2．印制（4分）

  （1）装帧风格突出地方、行业特色，简洁实用，纸张选用得当；（2分）

  （2）印刷质量较好，装订牢固结实，易于保存和翻阅。（2分）

  （四）检索手段、编校质量和出版时效（28分）

  1．检索手段（5分）

  （1）目录详细至条目，编排得体，层次分明，易于检索；（2分）

  （2）索引有一定深度，索引量大于条目量；标引准确规范，检索方便；索引复检无差错。（3分）

  2．编校质量（22分）

  按照《出版物上标点符号用法》（GB/T 15834—2011）、《出版物上数字用法》（GB/T 15835—2011）和《图书编校质量差错认定细则》等国家出版标准和规范，抽查每本参评年鉴4万字，差错率高于万分之一取消推优资格。

  3．出版时效（1分）

  为体现年鉴服务现时、服务社会的价值，鼓励缩短年鉴编纂出版周期，选送2023年出版的年鉴参评加分（1分）。

  （五）特色创新（2分）

  在框架设计、内容整合、风格展示等方面具有独到之处，编著性较强。

九、检查推优程序及其他

（一）申报

参与者填写"年鉴编纂出版质量检查推优申报表"一式二份，同时将参与推优年鉴4册按时限要求报送或寄递指定地点。

（二）评审

成立年鉴编纂出版质量检查推优委员会，由年鉴工委（研究会）领导及全国年鉴界专家学者组成。聘请法律顾问结合《方案》和《社会组织评比达标表彰活动管理办法》，提出相关法律意见。检查推优工作实行回避制度。检查推优委员会委员分成若干评审小组，分别在逐项评分的基础上（编校质量抽查在评比前进行），对参评年鉴提出检查推优意见，然后由检查推优委员会集体讨论，以无记名投票方式评出年鉴等级。特优须有到会评委2/3以上投赞成票才能通过，其余等次也须有到会评委半数以上投赞成票才能通过。检查推优结果在中国年鉴网公示10天。

附录：相关规定

地方综合年鉴编纂出版规定

（2017年12月21日　中指组字〔2017〕6号）

第一章　总　则

第一条　为了提高地方综合年鉴编纂出版质量，推动年鉴事业科学发展，充分发挥地方综合年鉴在促进经济社会发展中的作用，根据国务院《地方志工作条例》，制定本规定。

第二条　本规定所称地方综合年鉴，是指系统记述本行政区域自然、政治、经济、文化、社会等方面情况的年度资料性文献。

第三条　本规定适用于以县级以上（含县级）行政区域名称冠名的地方综合年鉴（以下简称"年鉴"）。

第四条　年鉴编纂出版坚持以马克思列宁主义、毛泽东思想、邓小平理论、"三个代表"重要思想、科学发展观和习近平新时代中国特色社会主义思想为指导。

第五条　年鉴编纂出版应遵守国家关于保密、著作权、出版、广告等方面的法律、法规或规章，遵守党和国家关于民族、宗教和对外关系等方面的法规或政策，维护国家利益、民族团结和社会稳定。

第六条　年鉴编纂应做到观点正确，框架科学，资料翔实，内容全面，记述准确，出版符合国家相关标准。

第二章　框　架

第七条　年鉴框架应涵盖年度内本行政区域的基本情况。

第八条　年鉴框架应做到分类科学，层次清晰，领属得当，编排有序。

第九条　年鉴框架应体现年度特点和突出地方特色。

第十条　年鉴框架应保持相对稳定，可依据年度特点和事物变化情况作适当调整。

第十一条　年鉴框架分类应参照相关分类标准，结合社会实际分工和本行政区域特点进行。

第十二条　年鉴框架结构一般分为类目、分目、条目三个层次。

第十三条　年鉴各层次标题应准确、规范、简洁，能够揭示所记述内容的特点，避免重复。

第三章　资　料

第十四条　年鉴资料应反映本行政区域自然、政治、经济、文化、社会、生态建设等方面的基本情况，以及与本行政区域密切相关的内容。

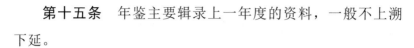

第十五条　年鉴主要辑录上一年度的资料，一般不上溯下延。

第十六条　年鉴资料应具有为现实服务的价值和存史的价值。

第十七条　年鉴资料应具有连续性和可比性，能正确反映事物发展的脉络和轨迹。

第十八条　年鉴资料应真实，人名、地名、时间、事实、数据、图片、引文等应准确。未经核实的资料不得收录。

第十九条　年鉴采用的数据应以统计部门提供的为准，未列入统计范围的，以业务主管部门提供的为准。数据不一致时，应加以说明。

第二十条　年鉴编纂单位应拓宽资料搜集渠道，资料除依靠各供稿单位提供外，还要通过查阅档案、报刊和提炼网络信息，以及调查访问等方式进行搜集。

第四章　内　容

第二十一条　年鉴内容应存真求实，客观反映经济社会发展中取得的成绩和存在的问题。

第二十二条　年鉴内容记述应综合运用多种形式，一般以条目为基本记述单元。

条目分为综合性条目和单一性条目等类型。综合性条目反映年度内各个领域发展变化的总体情况和主要特点，具有高度的概括性；单一性条目一事一条，基本要素齐全。

第二十三条　条目。条目编写应做到：

（一）选题选材注重有效性、完整性和新颖、准确、系统。

（二）有效信息含量大，避免空洞无物和简单重复。

消除部门工作总结、报告痕迹。不应记述非部门主要职能的信息。

（三）坚持述而不论，寓观点于记述之中。

（四）标题中心词突出，题文相符。

（五）条目排列有序，并避免单个条目构成分目。

第二十四条　大事记。选录大事要得当，做到重要事项不漏，时间、地点、人物（单位）、结果等要素齐备。可将编年体和纪事本末体相结合。

第二十五条　图片。年鉴应有卷首专题图片、随文图片。

图片选用注重典型性、资料性，突出反映重大事件、重要成果和热点问题。

图片要清晰、美观；文字说明应简洁、准确，要素齐全。

随文图片应图文相符，以图释文。

慎用少用领导人、会议照片，忌用人物标准照。

第二十六条　地图。地图选用应遵守国家关于地图管理的法规和有关规定、办法，需经过有审核权的测绘地理信息行政主管部门审核，标注审图号。

第二十七条　表。表格包括表题、表体以及必要的表注等。

表格内容要准确，设计要规范。

第二十八条 附录。附录主要收录具有重要参考价值的资料。

第二十九条 其他形式。年度内具有特殊意义的资料可采用特载、特辑、专文、专记或其他形式集中汇辑。

第三十条 人物记述可采用简介、名录、表等形式，入鉴人物应严格掌握标准，人物记述应做到客观、准确、公允。

第三十一条 年鉴应设编辑说明，主要介绍年鉴编纂的指导思想、记述的时空范围、栏目的设置情况、资料的来源等事项。

第三十二条 年鉴具有工具书性质，应有完备的检索系统。

年鉴应编制详至条目的中文目录，根据需要可编制英文目录或少数民族语言目录。

索引应提供丰富的检索信息，名称概念清晰，标目符合主题原意，标引准确。

第三十三条 年鉴内容记述应减少交叉重复，多处记述同一事物的应各有侧重。

第三十四条 年鉴使用记叙文、说明文等文体，文风要朴实，记述要流畅。

第三十五条 年鉴使用规范、统一的简称和缩略语，名称、时间、地点、事实、数据、计量单位、术语等的表述应前后一致。

第五章 出 版

第三十六条 年鉴编纂应建立健全审读、审核和校对制度，确保质量。

第三十七条 语言文字、标点符号、汉语拼音、数字、计量单位使用和索引编制、图片选用等，应符合国家有关法律、法规和规章、规定。

第三十八条 编辑校对应符合国家出版物质量管理的规定。

第三十九条 封面设计应庄重大方，完整著录年鉴名称与卷号、编者名、出版者名。年鉴名称、卷号要醒目。

年鉴名称，一般冠以行政区域名称，如"××年鉴"。如两级行政区域名称相同，下级年鉴名称另加"市（州）""县（区）"字样，如"××市（州）年鉴""××县（区）年鉴"。市辖区与其他市辖区行政区域名称如不存在同名情况，其年鉴名称冠以行政区域名称，如"××年鉴"；如存在同名情况，其名称冠以上一级行政区域名称，如"××市××年鉴"。

年鉴卷号，以出版年份标识，标注在年鉴名称后，如"2020"。

第四十条 版式设计应疏密得当，留白页少，字体、字号选择要既能区别结构层次，又有较好的视觉效果。

第四十一条 版权页刊载版本记录应完整。

第四十二条 一般采用16开本，文字横排。

第四十三条　印刷、装帧应符合国家出版物质量标准。

第四十四条　制作出版电子版年鉴，应遵守国家关于电子出版物管理的规定。

第四十五条　年鉴应逐年编纂，做到当年编纂当年出版。

第六章　附　则

第四十六条　各省、自治区、直辖市地方志工作机构可根据本规定，结合本地区实际，制定实施细则。

第四十七条　专业年鉴、乡镇（街道）年鉴等其他年鉴可参照本规定执行。

第四十八条　本规定由中国地方志指导小组办公室负责解释。

关于地方综合年鉴编纂出版若干问题的补充规定

(2020年12月30日 中指组字〔2020〕12号)

为贯彻落实《地方综合年鉴编纂出版规定》，确保地方综合年鉴（以下简称年鉴）编纂出版质量，进一步提高年鉴编纂出版规范化、专业化水平，根据有关法律法规和政策，针对年鉴编纂出版中存在的问题，作如下补充规定。

第一条 年鉴应当设编辑说明，主要介绍年鉴编纂的指导思想、地域范围、时间界限、记述内容、类目设置、资料来源等事项，不致谢、不落款、不标注时间。

编辑说明应准确、精练，表述规范。

第二条 年鉴应当选用与记述年度相对应的本地区行政区划图。地图选用应遵守国家关于地图管理的法律法规，须经有审核权的测绘地理信息行政主管部门审核，并标注审图号。不得使用未经审核、无审图号的地图。

第三条 年鉴应当有卷首专题图片、随文图片。

专题图片应当突出年度重大选题，反映重大事件、重要成果和热点问题。

随文图片应当图文相符，图随文走，以图释文，不得用与记述内容无关的照片补白。

图片应当清晰，选图典型，构图美观。

图片文字说明应当简洁、准确，时间、地点、事件及摄影者姓名或供图单位等要素齐全。

慎用少用领导、会议照片，慎用少用签字、奠基、剪彩等仪式照片，慎用摄影、书法、绘画等艺术图片。除英烈外，一般不使用人物标准照。

第四条 年鉴刊载党和国家领导人活动照片等，应当按照国家有关规定履行重大选题备案程序。

第五条 年鉴框架分类应当参照相关分类标准，体现社会实际分工，突出本行政区域地情特点，避免照搬照抄。

经济部分框架设计，应当体现地方经济发展特色和产业布局，突出主导产业和优势产业。

第六条 年鉴可采用特载等形式重点收录年度具有重大意义或特殊意义的文献资料，收录资料应当严格控制数量。

第七条 大事记选录大事应得当，涵盖本行政区域自然、政治、经济、文化、社会、生态建设等各个方面，不得以记述领导活动、会议活动等内容为主。

第八条 记述人大工作，应当以"××人民代表大会"或"××人大"名称立目。"人大常委会主任（副主任）"不得写为"人大主任（副主任）"。

第九条 记述纪委监委工作，应当与党委、人大、政府、政协并列设置类（分）目。

第十条 记述群团组织工作,一般以"人民团体"或"群众团体"名称立目。不用"社会团体""社会群众团体""人民团体·群团体""人民团体·社会团体"等名称。

以"人民团体"立目,应当记述参加中国人民政治协商会议的人民团体,包括中华全国总工会、中国共产主义青年团、中华全国妇女联合会、中国科学技术协会、中华全国归国华侨联合会、中华全国台湾同胞联谊会、中华全国青年联合会、中华全国工商业联合会。中华全国工商业联合会可与民主党派放在一起记述。

以"群众团体"立目,应当记述上述人民团体和国务院批准免予登记的中国文学艺术界联合会、中国作家协会、中华全国新闻工作者协会、中国人民对外友好协会、中国人民外交学会、中国国际贸易促进会、中国残疾人联合会、宋庆龄基金会、中国法学会、中国红十字会总会、中国职工思想政治工作研究会、欧美同学会、黄埔军校同学会、中华职业教育社、中国计划生育协会。

第十一条 记述外事、侨务、港澳台事务应当遵守党和国家相关法律法规和政策。不得将港澳台工作、港澳台交流活动和侨务工作归入"外事"记述,不得将港澳台人士和华侨、侨胞称为"外宾";不得将港澳台同胞称为"华侨华人"、港澳台青少年称为"华裔";不得将邀请、接待港澳台团体归入"海外联谊"或"海外联络"记述。

记述利用外资、对外贸易、对外经济合作,在文字和表格中出现港澳台地区内容的,应当加"国家(地区)"和"中国香港""中国澳门""中国台湾"等字样。

第十二条 记述法治内容应当以"法治"为名称立目,不得使用"政法""法制""司法""公安·司法"等名称。

法治内容一般包括人大立法(省级年鉴、设区的市级年鉴)、政法委与综治、法治政府建设、公安、检察、法院、司法行政、仲裁等工作。慎重选登案例。

第十三条 记述军事内容应当以"军事"为名称立目,不得使用"国防""地方防务"或"地方武装""武装"等名称。内容一般按省军区系统、驻军单位、武警部队排列,并经过内容涉及单位保密审查。

凡涉及作战和战备方案、规划计划、重要文件、体制编制、兵力部署、边防布局、军事行动、军队重要会议和重大活动、部队番号、武器装备、重要军事设施、重要警卫目标、国防动员潜力、国防和人防工程等文字、图片,应当严格保密,征兵人数、退役人数、军事单位领导名录、部队移防驻防、武器装备数量和技术战术指标、民兵实力、战时预备役编成、经费预算和投向等情况不得记述。

第十四条 记述民族、宗教等内容应当严格遵守党和国家相关法律法规和政策。记述宗教事务管理工作,不得以"宗教活动"为名称立目。

第十五条 入鉴人物应当严格掌握标准,收录年度各方面代表性人物,如先进人物、新闻人物、革命烈士、逝世人物等。人物记述应客观、准确、公允。

第十六条 年鉴内容记述应当综合运用多种表现形式，一般以条目为基本记述单元。两个以上条目构成一个分目。

条目分为综合性条目和单一性条目等类型。综合性条目反映年度内各个领域发展变化的总体情况和主要特点，具有高度的概括性，一般应包括基本情况、主要成效、年度特点、存在问题等；单一性条目一事一条，时间、地点、人物（事件）、结果等基本要素齐全。

第十七条 年鉴条目选题选材应当注重资料的有效性、典型性、新颖性和连续性。

条目标题应当准确概括条目中心内容，文字精练，中心词一般应前置，不得使用总结式、口号式等表述方式。

第十八条 年鉴应当注重记述部门单位的主要职能工作。一般不记述部门单位内设机构、领导职数、人员编制。不记述单位内部机关党建、宣传信息、队伍建设、后勤保障等非主要职能信息。

第十九条 年鉴类目、分目、条目应当编排有序。条目编排一般综合性条目在前，单一性条目在后。

第二十条 年鉴使用表格，内容要准确，设计要规范。

表格包括表题、表体以及必要的表注（说明）等。表题一般包括时间、单位、事项、表种等要素。表注（说明）一般为表下注（说明）。

第二十一条 年鉴不收录航班时刻表、高铁时刻表、公交车时刻表、特殊电话号码、公共自行车存放点等信息，不刊载文艺作品，不收录趣闻轶事，不收录与编纂者个人相关的作品或其他资料。

第二十二条　年鉴使用简称和缩略语应当规范、统一。除通用简称外，第一次出现时应当使用全称并括注规范简称。术语随文括注说明，不使用脚注或尾注。

国务院组成部门中，各委员会的全称为"中华人民共和国××委员会"，其专名中含有"国家"二字，简称中不能省略；各部的正式名称为"中华人民共和国××部"，其专名通常简称为"××部"，不加"国家"二字。

第二十三条　年鉴封面设计应当遵守出版物规范，庄重大方，完整著录年鉴名称与卷号、编者名、出版者名。年鉴名称、卷号应醒目。

年鉴名称如使用书法体，应当在适当位置注明题写者。

第二十四条　版权页记录版本信息应当完整。

版权页记录的年鉴名称、主管主办单位和编纂单位名称应与封面、扉页、编辑说明保持一致。

第二十五条　本规定自2021年1月1日起施行。

图书质量管理规定

(2004年12月24日　新闻出版总署令第26号)

第一条　为建立健全图书质量管理机制，规范图书出版秩序，促进图书出版业的繁荣和发展，保护消费者的合法权益，根据《中华人民共和国产品质量法》和国务院《出版管理条例》制定本规定。

第二条　本规定适用于依法设立的图书出版单位出版的图书的质量管理。

出版时间超过十年且无再版或者重印的图书，不适用本规定。

第三条　图书质量包括内容、编校、设计、印制四项，分为合格、不合格两个等级。

内容、编校、设计、印制四项均合格的图书，其质量属合格。内容、编校、设计、印制四项中有一项不合格的图书，其质量属不合格。

第四条　符合《出版管理条例》第二十六、二十七条规定的图书，其内容质量属合格。

不符合《出版管理条例》第二十六、二十七条规定的图书，其内容质量属不合格。

第五条　差错率不超过万分之一的图书，其编校质量属合格。

差错率超过万分之一的图书，其编校质量属不合格。

图书编校质量差错的判定以国家正式颁布的法律法规、国家标准和相关行业制定的行业标准为依据。图书编校质量差错率的计算按照本规定附件《图书编校质量差错率计算方法》执行。

第六条 图书的整体设计和封面（包括封一、封二、封三、封底、勒口、护封、封套、书脊）、扉页、插图等设计均符合国家有关技术标准和规定的，其设计质量属合格。

图书的整体设计和封面（包括封一、封二、封三、封底、勒口、护封、封套、书脊）、扉页、插图等设计中有一项不符合国家有关技术标准和规定的，其设计质量不合格。

第七条 符合中华人民共和国出版行业标准《印刷产品质量评价和分等导则》（CY/T 2—1999）规定的图书，其印制质量属合格。

不符合中华人民共和国出版行业标准《印刷产品质量评价和分等导则》（CY/T 2—1999）规定的图书，其印制质量属不合格。

第八条 新闻出版总署负责全国图书质量管理工作，依照本规定实施图书质量检查，并向社会及时公布检查结果。

第九条 各省、自治区、直辖市新闻出版行政部门负责本行政区域内的图书质量管理工作，依照本规定实施图书质量检查，并向社会及时公布检查结果。

第十条 当履行其主办、主管职能，尽其责任，协助新闻出版行政部门实施图书质量管理，对不合格图书提出处理意见。

第十一条　图书出版单位应当设立图书质量管理机构，制定图书质量管理制度，保证图书质量合格。

第十二条　新闻出版行政部门对图书质量实施的检查包括：图书的正文、封面（包括封一、封二、封三、封底、勒口、护封、封套、书脊）、扉页、版权页、前言（或序）、后记（或跋）、目录、插图及其文字说明等。正文部分的抽查必须内容（或页码）连续且不少于10万字，全书字数不足10万字的必须检查全书。

第十三条　新闻出版行政部门实施图书质量检查，须将审读记录和检查结果书面通知出版单位。出版单位如有异议，可以在接到通知后15日内提出申辩意见，请求复检。对复检结论仍有异议的，可以向上一级新闻出版行政部门请求裁定。

第十四条　对在图书质量检查中被认定为成绩突出的出版单位和个人，新闻出版行政部门给予表扬或者奖励。

第十五条　对图书内容违反《出版管理条例》第二十六、二十七条规定的，根据《出版管理条例》第五十六条实施处罚。

第十六条　对出版编校质量不合格图书的出版单位，由省级以上新闻出版行政部门予以警告，可以根据情节并处3万元以下罚款。

第十七条　经检查属编校质量不合格的图书，差错率在万分之一以上万分之五以下的，出版单位必须自检查结果公布之日起30天内全部收回，改正重印后可以继续发行；差错率在万分之五以上的,出版单位必须自检查结果公布之日起30天内全部收回。

出版单位违反本规定继续发行编校质量不合格图书的,由省级以上新闻出版行政部门按照《中华人民共和国产品质量法》第五十条的规定处理。

第十八条 对于印制质量不合格的图书,出版单位必须及时予以收回、调换。

出版单位违反本规定继续发行印制质量不合格图书的,由省级以上新闻出版行政部门按照《中华人民共和国产品质量法》第五十条的规定处理。

第十九条 一年内造成三种以上图书不合格或者连续两年造成图书不合格的直接责任者,由省、自治区、直辖市新闻出版行政部门注销其出版专业技术人员职业资格,三年之内不得从事出版编辑工作。

第二十条 本规定自2005年3月1日起实施。新闻出版署于1997年3月3日公布的《图书质量管理规定》同时停止执行。

附件:图书编校质量差错率计算方法(编者略)

图书编校质量差错判定和计算方法[①]

（中华人民共和国新闻出版行业标准 CY/T266—2023）

1 范　围

本文件规定了图书编校质量检查工作中检查字数的计算方法、编校差错的判定和计错方法及编校差错率的计算方法。

本文件适用于图书编校质量的检查，非连续性内部资料性出版物参照使用，电子图书参考使用。

本文件不适用于地图图书和图书中地图图片部分的质量检查。

2　规范性引用文件

下列文件中的内容通过文中的规范性引用而构成本文件必不可少的条款。其中，注日期的引用文件，仅该日期对应的版本适用于本文件；不注日期的引用文件，其最新版本（包括所有的修改单）适用于本文件。

GB 3100　国际单位制及其应用

[①] 2023年6月16日，《国家新闻出版署发布〈汉字字体使用要求〉等10项行业标准的通知》（国新出发函〔2023〕189号）中公布了全国新闻出版标准化委员会组织编制的《CY/T266—2023 图书编校质量差错判定和计算方法》，于2023年8月1日起实施。

GB/T 3101　有关量、单位和符号的一般原则

GB/T 3102.1　空间和时间的量和单位

GB/T 3102.2　周期及其有关现象的量和单位

GB/T 3102.3　力学的量和单位

GB/T 3102.4　热学的量和单位

GB/T 3102.5　电学和磁学的量和单位

GB/T 3102.6　光及有关电磁辐射的量和单位

GB/T 3102.7　声学的量和单位

GB/T 3102.8　物理化学和分子物理学的量和单位

GB/T 3102.9　原子物理学和核物理学的量和单位

GB/T 3102.10　核反应和电离辐射的量和单位

GB/T 3102.11　物理科学和技术中使用的数学符号

GB/T 3102.12　特征数

GB/T 3102.13　固体物理学的量和单位

GB/T 15834　标点符号用法

GB/T 15835　出版物上数字用法

GB/T 16159　汉语拼音正词法基本规则

CY/T 119—2015　学术出版规范　科学技术名词

3　术语和定义

下列术语和定义适用于本文件。

3.1　图书 book

用文字或图片、符号记录知识于纸张等载体，并具有相当

篇幅的非连续性出版物。

[来源：CY/T 50—2008,2.57,有修改]

3.2　编校质量 editing and proofreading quality

文字、图片、符号、格式等方面呈现的编辑和校订满足要求的程度。

3.3　编校差错 editing and proofreading error

文字、图片、符号、格式等方面存在的不符合法律法规、国家标准、相关行业标准，或逻辑性、知识性等的错误。

3.4　编校差错率 editing and proofreading error rate

编校差错数占总字数的比率。

注：编校差错率是评价编校质量是否符合要求的指标，在实际操作中通常以抽查部分的编校差错率代表整体的编校差错率。

4　检查字数计算方法

4.1　通　则

4.1.1　图书检查字数的计算，应以检查的版面字数为准，即：检查字数=每行字数×每面行数×检查面数。

4.1.2　封一、封二、封三、封四、护封、封套、腰封和扉页，除空白面不计外，每面应按正文满版字数的50%计算；书脊、有文字的勒口，应按正文满版字数计算。

4.1.3　版权页、前言、目录、后记等辅文，每面应按正文满版字数计算。空白面不计。

4.1.4　凡连续编排页码的正文，不论是否排字或排有插图、表格，均应按一面满版字数计算。

4.1.5 插页部分应按实际版面字数计算；不易直接计算的，应折合为正文开本面数，再按正文版面字数计算。

4.1.6 书眉（或中缝）和单排的页码、边码应各算一行（列）计入正文行（列）数，一并计算。

4.1.7 分栏排版的图书，各栏之间的空白也应计入版面字数。

4.1.8 参考文献、索引、附录等字号有变化时，应分别按实际版面字数计算。

4.1.9 用小号字排版的脚注文字，单面满5行不足10行的，该面应按正文满版字数加15%计算；满10行的，该面应按注文满版计算。

4.1.10 用小号字排版的夹注文字，应采用折合行数的方法，比照脚注文字进行计算。

4.1.11 外文图书、少数民族文字图书，图书的外文部分、少数民族文字部分和拼音部分，应以对应字号的汉字字数加30%计算。

4.2 图书辅文部分图片页和以图片为主的图书的字数计算

4.2.1 有文字说明的版面，应按满版字数的50%计算。

4.2.2 没有文字说明的版面，应按满版字数的20%计算。

4.2.3 无法计算版面字数的，可以一个印张1万字为基数，参照4.2.1、4.2.2计算。

4.3 曲谱类图书的字数计算

4.3.1 文字与曲谱混排图书，应按满版字数计算。

4.3.2 纯曲谱图书,每面曲谱行数在11行及以下的,可以一个印张1.7万字为基数计算字数;每面曲谱行数超过11行的,每多1~5行,可按一个印张增加0.85万字计算字数。

5 编校差错判定和计错方法

5.1 文字、图片差错

5.1.1 一本图书中,同一错别字重复出现,每面计1次,最多计4次;阿拉伯数字与汉字数字混用差错,每面计1次,最多计10次;除错别字和阿拉伯数字与汉字数字混用差错外,其他同一文字、图片差错重复出现,每面计1次,最多计3次。书眉(或中缝)中同一文字、图片差错重复出现,按一面上差错数加1倍计算。

5.1.2 封一、扉页上的文字、图片差错,以对应的计错数加1倍计算;相关文字不一致,有一项计1个差错。

5.1.3 文字、图片差错类型的判定和计错应符合表1的相关要求。

表1 文字、图片差错类型的判定和计错方法

序号	类型	描述	计错方法
1-1	错字、别字	—	每处计1个差错
1-2	多字、漏字	—	每处多、漏1个字,计1个差错;2~5个字,计2个差错;5个字以上,计4个差错

(续表)

序号	类型	描述	计错方法
1-3	颠倒字	—	可以用一个校对符号改正的,每处计1个差错
1-4	不规范使用汉字	1. 繁简字混用,且未作说明 2. 不规范使用异体字、异形词 3. 不规范使用旧字形	每处计0.5个差错
1-5	词语差错	1. 错用词语或成语 2. 专有名词差错 3. 使用带有侮辱、低俗含义的网络词语 4. 不当使用谐音词 5. 不规范使用缩略语	每处计1个差错
1-6	计量单位中文名称差错	工具书的科技条目,科技类教材、教辅和其他科技图书,使用计量单位中文名称不符合 GB 3100、GB/T 3101、GB/T 3102.1~GB/T 3102.10、GB/T 3102.13或相关行业标准	每处计1个差错
1-7	科技名词差错	工具书、教材教辅、科技图书,使用科技术语不符合国家有关机构审定公布的规范词	
1-8	相关文字不一致	1. 目录页码或标题与正文不一致 2. 索引、检字表等页码或词条与正文不对应 3. 图表中个别文字或数值信息与正文不一致 4. 书眉内容与正文不对应	

（续表）

序号	类型	描述	计错方法
1-9	不规范或不当表达引起的倾向性问题	1. 涉港澳台表达不规范 2. 涉民族、宗教表达不规范 3. 涉边疆地理表达不规范 4. 以未成年人为对象的图书中含有不利于未成年人健康成长的表述或图片	每处计2个差错
1-10	知识性差错	1. 事实性、科学性、概念性差错 2. 法律、法规引用差错，文件摘录差错 3. 公式、运算、答案差错 4. 题目表述有误，且影响做题	
1-11	逻辑性、语法性差错	1. 句式杂糅 2. 歧义、前后矛盾、不合事理 3. 语句不通、表意不明 4. 同一单元或同一份试卷中的试题完全重复 5. 答案无故缺失	每处计2个差错
1-12	图、表的内容与说明文字不符	1. 图、表所表达的主要内容与文字叙述内容不一致 2. 图注、表注与图表内容不一致	
1-13	不当使用已废止的标准或陈旧资料	1. 不当使用已废止的法律法规、标准规范 2. 使用应该更新而未更新的数据 3. 使用旧名称，且没有相关说明	每处计1个差错，由于不当使用造成知识性错误的计2个差错

（续表）

序号	类型	描述	计错方法
1-14	少数民族文字差错	1. 拼写、标调差错 2. 汉语音译转写错误	以一个字或单词为单位，无论其中几处有错，计1个差错
1-15	外文、国际音标差错	1. 拼写差错 2. 时态、单复数差错 3. 音符、重音差错	
1-16	汉语拼音拼写、标调错误	不符合《汉语拼音方案》或GB/T 16159的规定	以一个对应的汉字或词组为单位，计1个差错
1-17	阿拉伯数字、罗马数字差错	年代、日期、时间、数值、比例差错	无论几位数，都计1个差错
1-18	阿拉伯数字与汉字数字混用	不符合GB/T 15835的规定	每处计0.1个差错
1-19	字母形式误用，相似字母、符号混用差错	1. 不同文种字形相似的字母混用 2. 字母与相似符号混用 3. 字母大小写、正斜体、黑白体误用	每处计0.5个差错
1-20	非常用字母词首次出现，未加注中文译名	1. 非学术类图书中首次使用工具书未收录的字母词，未加注中文译名 2. 学术类图书不符合CY/T 119—2015中4.4的规定	

注：差错描述为判断差错类型提供参考，包括但不限于表1给出的描述。

5.2 符号差错

5.2.1 一本图书中,同一标点符号差错重复出现,最多计10次;注码、序号标注差错全书超过3处,计1个差错;同一单位符号、科学符号、曲谱符号等符号差错重复出现,每面计1次,最多计3次。

5.2.2 符号差错类型的判定和计错应符合表2的相关要求。

表2 符号差错类型的判定和计错方法

序号	类型	描述	计错方法
2-1	标点符号差错	1. 标点符号用法不符合GB/T 15834的规定 2. 标点符号多用、漏用 3. 小数点与间隔号互错,冒号与比号互错	每处计0.1个差错
2-2	注码、序号标注差错	注码、图序、表序、公式序标注差错	每处计0.1个差错
2-3	单位符号、科学符号等符号差错	法定计量单位符号、科学技术各学科中科学符号的用法不符合GB 3100、GB/T 3101、GB/T 3102(所有部分)的要求或相关行业标准	
2-4	曲谱符号差错	1. 速度、力度、表情符号差错 2. 演奏、演唱技术与方法的符号差错 3. 反复号、声部分并、歌词分并符号差错 4. 音高差错 5. 时值差错 6. 休止差错	每处计0.5个差错

注:差错描述为判断差错类型提供参考,包括但不限于表2给出的描述。

5.3 格式差错

5.3.1 一本图书中,同一格式差错重复出现,最多计10次。

5.3.2 格式差错类型的判定和计错应符合表3的相关要求。

表3 格式差错类型的判定和计错方法

序号	类型	描述	计错方法
3-1	空行、空格错误	1. 影响文意的不合版式要求的另页、另面、另段、另行、接排、空行,需要空行、空格而未空 2. 汉语拼音分连写错误,多空格或未空格	每处计0.1个差错
3-2	转行错误	1. 阿拉伯数字、汉语拼音、外文缩写断开转行 2. 外文单词未按音节转行	
3-3	编写体例差错	1. 字体错、字号错、文字颜色错,或字体、字号、颜色同时错 2. 参考文献、参考答案编写体例不一致 3. 多、漏表线 4. 曲谱中的谱表、连谱号、提示性符号的多、漏或错位 5. 编委会成员姓名顺序排错	每处计0.1个差错
3-4	排版格式差错	1. 同一章节几个同级标题的位置、转行格式不统一 2. 文字编排格式不一致	
3-5	图、表、书眉、符号的位置差错	1. 书眉单双页位置互错 2. 曲谱符号的位置、顺序、方向错误 3. 行首、行末误用标点符号 4. 专名号、着重号错位	
		5. 图、表位置与文字描述不一致	每处计1个差错

注:差错描述为判断差错类型提供参考,包括但不限于表3给出的描述。

6　编校差错率计算方法

6.1　编校差错率计算公式：编校差错率=编校差错数÷总字数。

6.2　编校差错率用万分比表示。

参考文献

[1]CY/T 50—2008　出版术语

[2]第一届全国人民代表大会　汉语拼音方案

[3]中华人民共和国新闻出版总署〔2004〕26号令　图书质量管理规定

[4]新出政发〔2010〕11号　关于进一步规范出版物文字使用的通知

[5]国发〔2013〕23号　国务院关于公布《通用规范汉字表》的通知

新闻出版保密规定

(1992年6月13日　国家保密局、中央对外宣传小组、新闻出版署、广播电影电视部印发　国保〔1992〕34号)

第一章　总　则

第一条　为在新闻出版工作中保守国家秘密,根据《中华人民共和国保守国家秘密法》第二十条,制定本规定。

第二条　本规定适用于报刊、新闻电讯、书籍、地图、图文资料、声像制品的出版和发行以及广播节目、电视节目、电影的制作和播放。

第三条　新闻出版的保密工作,坚持贯彻既保守国家秘密又有利于新闻出版工作正常进行的方针。

第四条　新闻出版单位及其采编人员和提供信息单位及其有关人员应当加强联系,协调配合,执行保密法规,遵守保密制度,共同做好新闻出版的保密工作。

第二章　保密制度

第五条　新闻出版单位和提供信息的单位,应当根据国家保密法规，建立健全新闻出版保密审查制度。

第六条 新闻出版保密审查实行自审与送审相结合的制度。

第七条 新闻出版单位和提供信息的单位，对拟公开出版、报道的信息，应当按照有关的保密规定进行自审；对是否涉及国家秘密界限不清的信息，应当送交有关主管部门或其上级机关、单位审定。

第八条 新闻出版单位及其采编人员需向有关部门反映或通报的涉及国家秘密的信息，应当通过内部途径进行，并对反映或通报的信息按照有关规定作出国家秘密的标志。

第九条 被采访单位、被采访人向新闻出版单位的采编人员提供有关信息时，对其中因工作需要而有涉及国家秘密的事项，应当事先按照有关规定的程序批准，并向采编人员申明；新闻出版单位及其采编人员对被采访单位、被采访人申明属于国家秘密的事项，不得公开报道、出版。

对涉及国家秘密但确需公开报道、出版的信息，新闻出版单位应当向有关主管部门建议解密或者采取删节、改编、隐去等保密措施，并经有关主管部门审定。

第十条 新闻出版单位采访涉及国家秘密的会议或其他活动，应当经主办单位批准。主办单位应当验明采访人员的工作身份，指明哪些内容不得公开报道、出版，并对拟公开报道、出版的内容进行审定。

第十一条 为了防止泄露国家秘密又利于新闻出版工作的正常进行，中央国家机关各部门和其他有关单位，应当根据各自业务工作的性质,加强与新闻出版单位的联系,建立提供信息的正常渠道,健全新闻发布制度,适时通报宣传口径。

第十二条 有关机关、单位应当指定有权代表本机关、单位的审稿机构和审稿人,负责对新闻出版单位送审的稿件是否涉及国家秘密进行审定。对是否涉及国家秘密界限不清的内容,应当报请上级机关、单位审定;涉及其他单位工作中国家秘密的,应当负责征求有关单位的意见。

第十三条 有关机关、单位审定送审的稿件时,应当满足新闻出版单位提出的审定时限的要求,遇有特殊情况不能在所要求的时限内完成审定的,应当及时向送审稿件的新闻出版单位说明,并共同商量解决办法。

第十四条 个人拟向新闻出版单位提供公开报道、出版的信息,凡涉及本系统、本单位业务工作的或对是否涉及国家秘密界限不清的,应当事先经本单位或其上级机关、单位审定。

第十五条 个人拟向境外新闻出版机构提供报道、出版涉及国家政治、经济、外交、科技、军事方面内容的,应当事先经过本单位或其上级机关、单位审定。向境外投寄稿件,应当按照国家有关规定办理。

第三章 泄密的查处

第十六条 国家工作人员或其他公民发现国家秘密被非法报道、出版时,应当及时报告有关机关、单位或保密工作部门。

泄密事件所涉及的新闻出版单位和有关单位，应当主动联系，共同采取补救措施。

第十七条　新闻出版活动中发生的泄密事件，由有关责任单位负责及时调查；责任暂时不清的，由有关保密工作部门决定自行调查或者指定有关单位调查。

第十八条　对泄露国家秘密的责任单位、责任人，应当按照有关法律和规定严肃处理。

第十九条　新闻出版工作中因泄密问题需要对出版物停发、停办或者收缴以及由此造成的经济损失，应当按照有关主管部门的规定处理。

新闻出版单位及其采编人员和提供信息的单位及其有关人员因泄露国家秘密所获得的非法收入，应当依法没收并上缴国家财政。

第四章　附　则

第二十条　新闻出版工作中，各有关单位因有关信息是否属于国家秘密问题发生争执的，由保密工作部门会同有关主管部门依据保密法规确定。

第二十一条　本规定所称的"信息"可以语言、文字、符号、图表、图像等形式表现。

第二十二条　本规定由国家保密局负责解释。

第二十三条　本规定自1992年10月1日起施行。

附录：相关规定

图书、期刊、音像制品、电子出版物重大选题备案办法

（2019年10月25日　国新出发〔2019〕35号）

第一条　为加强和改进出版物重大选题备案工作，根据中央有关精神和《出版管理条例》相关规定，制定本办法。

第二条　列入备案范围内的重大选题，图书、期刊、音像制品、电子出版物出版单位在出版之前，应当依照本办法报国家新闻出版署备案。未经备案批准的，不得出版发行。

第三条　本办法所称重大选题，指涉及国家安全、社会稳定等方面内容选题，具体包括：

（一）有关党和国家重要文件、文献选题。

（二）有关现任、曾任党和国家领导人讲话、著作、文章及其工作和生活情况的选题，有关现任党和国家主要领导人重要讲话学习读物类选题。

（三）涉及中国共产党历史、中华人民共和国历史上重大事件、重大决策过程、重要人物选题。

（四）涉及国防和军队建设及我军各个历史时期重大决策部署、重要战役战斗、重要工作、重要人物选题。

（五）集中介绍党政机构设置和领导干部情况选题。

（六）专门或集中反映、评价"文化大革命"等历史和重要事件、重要人物选题。

（七）专门反映国民党重要人物和其他上层统战对象的选题。

（八）涉及民族宗教问题选题。

（九）涉及中国国界地图选题。

（十）反映香港特别行政区、澳门特别行政区和台湾地区经济、政治、历史、文化、重要社会事务等选题。

（十一）涉及苏联、东欧等社会主义时期重大事件和主要领导人选题。

（十二）涉及外交方面重要工作选题。

有关重大选题范围，国家新闻出版署根据情况适时予以调整并另行公布。

第四条 编辑制作出版反映党和国家领导人生平、业绩、工作和生活经历的重大题材作品，实行统筹规划、归口审批，按照中央和国家有关文件要求办理立项手续。经批准立项的选题，出版前按规定履行重大选题备案程序。

第五条 图书、音像制品和电子出版物重大选题备案中有以下情况的，由相关单位出具选题审核意见报国家新闻出版署，国家新闻出版署根据审核意见直接核批。

（一）中央和国家机关有关部门组织编写的主要涉及本部门工作领域的选题，由本部门出具审核意见。

（二）中央统战部、中央党史和文献研究院、外交部、国家民委等部门所属出版单位出版的只涉及本部门工作领域的选题，由本部门出具审核意见。

（三）解放军和武警部队出版单位出版的只涉及军事军史内容的选题，由中央军委政治工作部出具审核意见。

（四）各地编写的只涉及本地区党史事件、人物和本地区民族问题的选题，不涉及敏感、复杂内容和全局工作的，由所在地省级出版管理部门组织审读把关，出具审核意见。

（五）涉及中国国界地图选题，不涉及其他应备案内容的，由出版单位在报备时出具国务院测绘地理信息行政主管部门的审核意见。

第六条 期刊重大选题备案中有以下情况的，按本条相关要求执行。

（一）期刊首发涉及本办法第三条第二、三、四项内容的文章，经期刊主管主办单位审核同意，报国家新闻出版署备案。转载或摘要刊发已正式出版的图书、期刊以及人民日报、新华社刊发播发的涉及上述内容的文章，经期刊主管单位审核同意后出版。

（二）中央各部门各单位主管的期刊刊发涉及重大选题备案范围的文章，主要反映本领域工作，不涉及敏感、复杂内容的，经本部门审核同意后出版。

（三）中央党史和文献研究院、人民日报社、求是杂志社、新华社主管的期刊，刊发涉及重大选题备案范围的文章，经主管单位审核同意后出版。

（四）解放军和武警部队期刊刊发涉及重大选题备案范围的文章，经所在大单位或中央军委机关部门审核同意后出版。

（五）地方期刊刊发文章涉及本办法第五条第四项内容的文章，由所在地省级出版管理部门组织审读把关，审核同意后出版。

由期刊主管单位或有关部门审核同意出版的，审核意见应存档备查。

第七条　出版单位申报重大选题备案，应当通过所在地省级出版管理部门或主管单位进行。

（一）地方出版单位申报材料经主管主办单位审核同意后报所在地省级出版管理部门，非在京的中央各部门各单位出版单位申报材料经主办单位审核同意后报所在地省级出版管理部门，由所在地省级出版管理部门报国家新闻出版署。

（二）在京的中央各部门各单位出版单位申报材料经主管主办单位审核同意后，由主管单位报国家新闻出版署。

（三）解放军和武警部队出版单位申报材料经中央军委政治工作部审核同意后报国家新闻出版署。

第八条　申报重大选题备案时，应当如实、完整、规范填报并提交如下材料：

（一）省级出版管理部门或主管单位的备案申请报告。报告应当对申报备案的重大选题有明确审核意见。

（二）重大选题备案申报表。应当清楚填写涉及重大选题备案范围，需审核问题，需审核的具体章节、页码和待审核的人物、事件、文献、图片等内容。

（三）书稿、文章、图片或者样片、样盘、样带。书稿应当"齐清定"、经过编辑排版并装订成册，文字符合国家语言文字规范，引文注明出处。

（四）出版物"三审"意见复印件。

（五）备案需要的其他材料。包括有关部门同意立项的材料，送审照片（图片）样稿，相关部门保密审核意见等。

第九条　国家新闻出版署对申报备案的重大选题进行审核，必要时转请有关部门或组织专家协助审核。

第十条　国家新闻出版署自备案受理之日起20日内（不含有关部门或专家协助审核时间），对备案申请予以答复或提出意见。

第十一条　国家新闻出版署审核同意的备案批复文件，两年内有效；备案批复文件超出有效期及出版物修订再版的，应当重新履行备案程序。

第十二条　出版单位应当按照出版专业分工安排重大选题出版计划，对不具备相关出版资质和编辑能力的选题，不得报备和出版；应当严格履行出版物内容把关主体责任，坚持优化结构、提高质量，严格执行选题论证、"三审三校"制度，确保政治方向、出版导向、价值取向正确。

第十三条　各地出版管理部门和主管主办单位是落实重大选题备案制度的前置把关部门，应当严格落实属地管理和主管主办责任。主要职责是：负责审核所属出版单位申请备案选题的内容导向质量及出版单位出版资质,对不符合备案条件的不予受理,对思想倾向不好、内容平庸、题材重复、超业务范围等不具备出版要求的选题予以撤销;对由地方出版管理部门和主管单位审核把关的选题,组织相关单位认真做好内容审核和保密审查,提出具体审核意见;对审核部门提出的意见,督促出版单位认真修改并做好复核工作;对应履行重大选题备案程序但未按要求备案的出版单位进行处理、追责问责。

第十四条 出版单位违反本办法,未经备案出版涉及重大选题范围出版物的,由国家新闻出版署或省级出版管理部门责成其主管单位对出版单位的主要负责人员给予行政处分;停止出版、发行该出版物;违反《出版管理条例》和有关规定的,依照有关规定处罚。

第十五条 国家新闻出版署对重大选题备案执行情况开展年度检查和考核评估,视情况予以奖惩。

第十六条 本办法由国家新闻出版署负责解释。

第十七条 本办法自印发之日起施行。《图书、期刊、音像制品、电子出版物重大选题备案办法》(新出图〔1997〕860号)同时废止。

附录：相关规定

地图管理条例（节选）

（2015年11月11日国务院第111次常务会议通过，2015年11月26日中华人民共和国国务院令第664号公布）

第一章 总 则

....

第三章 地图审核

第十五条 国家实行地图审核制度。

向社会公开的地图，应当报送有审核权的测绘地理信息行政主管部门审核。但是，景区图、街区图、地铁线路图等内容简单的地图除外。

地图审核不得收取费用。

第十六条 出版地图的，由出版单位送审；展示或者登载不属于出版物的地图的，由展示者或者登载者送审；进口不属于出版物的地图或者附着地图图形的产品的，由进口者送审；进口属于出版物的地图，依照《出版管理条例》的有关规定执行；出口不属于出版物的地图或者附着地图图形的产品的，由出口者送审；生产附着地图图形的产品的，由生产者送审。

送审应当提交以下材料：

（一）地图审核申请表；

（二）需要审核的地图样图或者样品；

（三）地图编制单位的测绘资质证书。

进口不属于出版物的地图和附着地图图形的产品的，仅需提交前款第一项、第二项规定的材料。利用涉及国家秘密的测绘成果编制地图的，还应当提交保密技术处理证明。

第十七条　国务院测绘地理信息行政主管部门负责下列地图的审核：

（一）全国地图以及主要表现地为两个以上省、自治区、直辖市行政区域的地图；

（二）香港特别行政区地图、澳门特别行政区地图以及台湾地区地图；

（三）世界地图以及主要表现地为国外的地图；

（四）历史地图。

第十八条　省、自治区、直辖市人民政府测绘地理信息行政主管部门负责审核主要表现地在本行政区域范围内的地图。其中，主要表现地在设区的市行政区域范围内不涉及国界线的地图，由设区的市级人民政府测绘地理信息行政主管部门负责审核。

第十九条　有审核权的测绘地理信息行政主管部门应当自受理地图审核申请之日起20个工作日内，作出审核决定。

时事宣传地图、时效性要求较高的图书和报刊等插附地图的，应当自受理地图审核申请之日起7个工作日内，作出审核决定。

应急保障等特殊情况需要使用地图的，应当即送即审。

第二十条 涉及专业内容的地图，应当依照国务院测绘地理信息行政主管部门会同有关部门制定的审核依据进行审核。没有明确审核依据的，由有审核权的测绘地理信息行政主管部门征求有关部门的意见，有关部门应当自收到征求意见材料之日起20个工作日内提出意见。征求意见时间不计算在地图审核的期限内。

世界地图、历史地图、时事宣传地图没有明确审核依据的，由国务院测绘地理信息行政主管部门商外交部进行审核。

第二十一条 送审地图符合下列规定的，由有审核权的测绘地理信息行政主管部门核发地图审核批准文件，并注明审图号：

（一）符合国家有关地图编制标准，完整表示中华人民共和国疆域；

（二）国界、边界、历史疆界、行政区域界线或者范围、重要地理信息数据、地名等符合国家有关地图内容表示的规定；

（三）不含有地图上不得表示的内容。

地图审核批准文件和审图号应当在有审核权的测绘地理信息行政主管部门网站或者其他新闻媒体上及时公告。

第二十二条 经审核批准的地图，应当在地图或者附着地图图形的产品的适当位置显著标注审图号。其中，属于出版物的，应当在版权页标注审图号。

第二十三条　全国性中小学教学地图，由国务院教育行政部门会同国务院测绘地理信息行政主管部门、外交部组织审定；地方性中小学教学地图，由省、自治区、直辖市人民政府教育行政部门会同省、自治区、直辖市人民政府测绘地理信息行政主管部门组织审定。

第二十四条　任何单位和个人不得出版、展示、登载、销售、进口、出口不符合国家有关标准和规定的地图，不得携带、寄递不符合国家有关标准和规定的地图进出境。

进口、出口地图的，应当向海关提交地图审核批准文件和审图号。

第二十五条　经审核批准的地图，送审者应当按照有关规定向有审核权的测绘地理信息行政主管部门免费送交样本。

……………

第七章　法律责任

第四十七条　县级以上人民政府及其有关部门违反本条例规定，有下列行为之一的，由主管机关或者监察机关责令改正；情节严重的，对直接负责的主管人员和其他直接责任人员依法给予处分；直接负责的主管人员和其他直接责任人员的行为构成犯罪的，依法追究刑事责任：

（一）不依法作出行政许可决定或者办理批准文件的；

（二）发现违法行为或者接到对违法行为的举报不予查处的；

（三）其他未依照本条例规定履行职责的行为。

第四十八条　违反本条例规定，未取得测绘资质证书或者超越测绘资质等级许可的范围从事地图编制活动或者互联网地图服务活动的，依照《中华人民共和国测绘法》的有关规定进行处罚。

第四十九条　违反本条例规定，应当送审而未送审的，责令改正，给予警告，没收违法地图或者附着地图图形的产品，可以处10万元以下的罚款；有违法所得的，没收违法所得；构成犯罪的，依法追究刑事责任。

第五十条　违反本条例规定，不需要送审的地图不符合国家有关标准和规定的，责令改正，给予警告，没收违法地图或者附着地图图形的产品，可以处10万元以下的罚款；有违法所得的，没收违法所得；情节严重的，可以向社会通报；构成犯罪的，依法追究刑事责任。

第五十一条　违反本条例规定，经审核不符合国家有关标准和规定的地图未按照审核要求修改即向社会公开的，责令改正，给予警告，没收违法地图或者附着地图图形的产品，可以处10万元以下的罚款；有违法所得的，没收违法所得；情节严重的，责令停业整顿，降低资质等级或者吊销测绘资质证书，可以向社会通报；构成犯罪的，依法追究刑事责任。

第五十二条 违反本条例规定，弄虚作假、伪造申请材料骗取地图审核批准文件，或者伪造、冒用地图审核批准文件和审图号的，责令停止违法行为，给予警告，没收违法地图和附着地图图形的产品，并处10万元以上20万元以下的罚款；有违法所得的，没收违法所得；情节严重的，责令停业整顿，降低资质等级或者吊销测绘资质证书；构成犯罪的，依法追究刑事责任。

第五十三条 违反本条例规定，未在地图的适当位置显著标注审图号，或者未按照有关规定送交样本的，责令改正，给予警告；情节严重的，责令停业整顿，降低资质等级或者吊销测绘资质证书。

第五十四条 违反本条例规定，互联网地图服务单位使用未经依法审核批准的地图提供服务，或者未对互联网地图新增内容进行核查校对的，责令改正，给予警告，可以处20万元以下的罚款；有违法所得的，没收违法所得；情节严重的，责令停业整顿，降低资质等级或者吊销测绘资质证书；构成犯罪的，依法追究刑事责任。

第五十五条 违反本条例规定，通过互联网上传标注了含有按照国家有关规定在地图上不得表示的内容的，责令改正，给予警告，可以处10万元以下的罚款；构成犯罪的，依法追究刑事责任。

第五十六条 本条例规定的降低资质等级、吊销测绘资质证书的行政处罚，由颁发资质证书的部门决定；其他行政处罚由县级以上人民政府测绘地理信息行政主管部门决定。

第八章 附　则

第五十七条　军队单位编制的地图的管理以及海图的管理，按照国务院、中央军事委员会的规定执行。

第五十八条　本条例自2016年1月1日起施行。国务院1995年7月10日发布的《中华人民共和国地图编制出版管理条例》同时废止。

使用文字作品支付报酬办法

(2014年9月23日　国家版权局
中华人民共和国国家发展和改革委员会令第11号发布)

第一条　为保护文字作品著作权人的著作权,规范使用文字作品的行为,促进文字作品的创作与传播,根据《中华人民共和国著作权法》及相关行政法规,制定本办法。

第二条　除法律、行政法规另有规定外,使用文字作品支付报酬由当事人约定;当事人没有约定或者约定不明的,适用本办法。

第三条　以纸介质出版方式使用文字作品支付报酬可以选择版税、基本稿酬加印数稿酬或者一次性付酬等方式。

版税,是指使用者以图书定价×实际销售数或者印数×版税率的方式向著作权人支付的报酬。

基本稿酬,是指使用者按作品的字数,以千字为单位向著作权人支付的报酬。

印数稿酬,是指使用者根据图书的印数,以千册为单位按基本稿酬的一定比例向著作权人支付的报酬。

一次性付酬,是指使用者根据作品的质量、篇幅、作者的知名度、影响力以及使用方式、使用范围和授权期限等因素,一次性向著作权人支付的报酬。

第四条 版税率标准和计算方法：

（一）原创作品：3%～10%

（二）演绎作品：1%～7%

采用版税方式支付报酬的，著作权人可以与使用者在合同中约定，在交付作品时或者签订合同时由使用者向著作权人预付首次实际印数或者最低保底发行数的版税。

首次出版发行数不足千册的，按千册支付版税，但在下次结算版税时对已经支付版税部分不再重复支付。

第五条 基本稿酬标准和计算方法：

（一）原创作品：每千字80～300元，注释部分参照该标准执行。

（二）演绎作品：

改编：每千字20～100元

汇编：每千字10～20元

翻译：每千字50～200元

支付基本稿酬以千字为单位，不足千字部分按千字计算。

支付报酬的字数按实有正文计算，即以排印的版面每行字数乘以全部实有的行数计算。占行题目或者末尾排不足一行的，按一行计算。

诗词每十行按一千字计算，作品不足十行的按十行计算。

辞书类作品按双栏排版的版面折合的字数计算。

第六条 印数稿酬标准和计算方法：

每印一千册，按基本稿酬的1%支付。不足一千册的，按一千册计算。

作品重印时只支付印数稿酬，不再支付基本稿酬。

采用基本稿酬加印数稿酬的付酬方式的，著作权人可以与使用者在合同中约定，在交付作品时由使用者支付基本稿酬的30%～50%。除非合同另有约定，作品一经使用，使用者应当在6个月内付清全部报酬。作品重印的，应在重印后6个月内付清印数稿酬。

第七条　一次性付酬的，可以参照本办法第五条规定的基本稿酬标准及其计算方法。

第八条　使用演绎作品，除合同另有约定或者原作品已进入公有领域外，使用者还应当取得原作品著作权人的许可并支付报酬。

第九条　使用者未与著作权人签订书面合同，或者签订了书面合同但未约定付酬方式和标准，与著作权人发生争议的，应当按本办法第四条、第五条规定的付酬标准的上限分别计算报酬，以较高者向著作权人支付，并不得以出版物抵作报酬。

第十条　著作权人许可使用者通过转授权方式在境外出版作品，但对支付报酬没有约定或约定不明的，使用者应当将所得报酬扣除合理成本后的70%支付给著作权人。

第十一条　报刊刊载作品只适用一次性付酬方式。

第十二条　报刊刊载未发表的作品，除合同另有约定外，应当自刊载后1个月内按每千字不低于100元的标准向著作权人支付报酬。

报刊刊载未发表的作品，不足五百字的按千字作半计算；

超过五百字不足千字的按千字计算。

第十三条　报刊依照《中华人民共和国著作权法》的相关规定转载、摘编其他报刊已发表的作品，应当自报刊出版之日起2个月内，按每千字100元的付酬标准向著作权人支付报酬，不足五百字的按千字作半计算，超过五百字不足千字的按千字计算。

报刊出版者未按前款规定向著作权人支付报酬的，应当将报酬连同邮资以及转载、摘编作品的有关情况送交中国文字著作权协会代为收转。中国文字著作权协会收到相关报酬后，应当按相关规定及时向著作权人转付，并编制报酬收转记录。

报刊出版者按前款规定将相关报酬转交给中国文字著作权协会后，对著作权人不再承担支付报酬的义务。

第十四条　以纸介质出版方式之外的其他方式使用文字作品，除合同另有约定外，使用者应当参照本办法规定的付酬标准和付酬方式付酬。

在数字或者网络环境下使用文字作品，除合同另有约定外，使用者可以参照本办法规定的付酬标准和付酬方式付酬。

第十五条　教科书法定许可使用文字作品适用《教科书法定许可使用作品支付报酬办法》。

第十六条　本办法由国家版权局会同国家发展和改革委员会负责解释。

第十七条　本办法自2014年11月1日起施行。国家版权局1999年4月5日发布的《出版文字作品报酬规定》同时废止。

国家新闻出版广电总局 财政部
关于加强新闻出版中央财政资金项目支付个人报酬事项管理的通知

(2015年4月13日 新广出发〔2015〕20号)

各省、自治区、直辖市新闻出版广电局,新疆生产建设兵团新闻出版局,解放军总政治部宣传部新闻出版局,中央和国家机关各部委、各民主党派、各人民团体出版单位主管部门,各有关单位:

为加强新闻出版中央财政资金项目管理,规范项目资金支付个人报酬事项,结合近年来新闻出版中央财政资金项目监督检查中发现的突出问题,现就新闻出版中央财政资金项目支付个人报酬事项提出以下管理要求:

一、总体要求

(一)本通知所称的支付个人报酬事项是指新闻出版单位使用中央财政资金支付个人稿费、编辑费、审稿费、校对费、设计费、翻译费等,包括但不限于以上列举的支付事项(以下简称报酬)。

(二)本通知提出的要求用于规范新闻出版中央财政资金

项目支付个人报酬事项的管理，请各省局、中央出版单位主管部门转发相关新闻出版单位，并指导其执行。

（三）本通知提供的《报酬支付通知单》，中央财政资金项目支付个人报酬需遵照执行。已建立并使用企业管理信息系统生成《报酬支付通知单》的单位，可结合中央财政资金项目管理要求和实际情况修改后执行。对已有单据不再调整的，需将现有单据格式报省局和中央出版单位主管部门审核备案。其他项目支付个人报酬事项可参照执行。

二、项目单位支付个人报酬事项具体要求

（一）建立健全支付个人报酬管理制度

新闻出版单位应根据现行财务制度及内部控制要求，建立健全报酬支付内部管理实施细则，明确以下内容：

一是归口管理部门；

二是开支范围、开支标准以及报酬支付事项所需要提交的表单、合同；

三是内部审核审批权限、程序和责任；

四是支付业务流程；

五是对账和检查责任。

（二）合理设置报酬支付的业务岗位

新闻出版单位应根据财务制度及本单位实际情况，合理设置报酬支付业务相关岗位，明确内部审核、审批、支付、核算和归档等关键岗位的职责权限，确保支付申请和内部审核、付款审批和付款执行、业务经办和会计核算等不相容岗位相互分离。

（三）加强报酬支付业务流程控制

新闻出版单位应结合实际情况，科学合理设计报酬支付业务流程：

1. 签订出版合同。出版合同是财务部门支付报酬的依据，新闻出版单位需在合同中明确报酬支付标准、支付方式、支付条件等内容，在报酬核算和支付中切实按出版合同执行。

2. 责任编辑或业务经办人应根据出版合同履行情况，按约定开具《报酬支付通知单》，并根据审批权限履行报批程序。

3. 财务部门应及时处理《报酬支付通知单》，在审核无误后，按照财务核算流程进行报酬的结算和支付。

（四）加强报酬支付事项审批控制

新闻出版单位应根据实际情况按照金额大小及支付事项类型设置报酬支付审批权限，明确报酬支付的审批责任。审批人应当在授权的范围内审批，不得越权审批。

（五）加强代扣代缴个人所得税控制

新闻出版单位应强化纳税意识，严格执行个人所得税法、实施条例、税收征管法等关于代扣代缴个人所得税的规定，准确计算应代扣代缴的个人所得税并按时缴入国库。

（六）加强报酬支付事项审核控制

承担报酬支付事项审核责任的人员应当全面审核与报酬支付事项相关的各类凭据，其中包括但不限于：《报酬支付通知单》、出版合同、代扣代缴个人所得税计算单等。审核《报酬支付通知单》时应重点审核支付单内容填列是否完整、审批程序是否齐全、比照出版合同审核报酬计算是否正确等。

（七）加强报酬支付事项支付控制

报酬发放人员应严格按照报酬支付单所列的金额和对象支付报酬，留存领取凭证，将其作为原始单据附于支出凭证之后。支付现金报酬，应由领取人签字，非作者本人领取应取得授权代领证明；银行转账支付报酬，原则上应支付到作者本人账户并留存支付凭证。

三、加强对新闻出版中央财政资金项目支付个人报酬事项的监督检查

按照《国家新闻出版广电总局关于加强新闻出版广播影视中央财政资金项目监督检查的意见》（新广发〔2015〕33号）的规定，落实总局、省局、项目单位三级负责的监督检查工作机制，将新闻出版中央财政资金项目支付个人报酬事项纳入检查范围和重点内容。

（一）各新闻出版单位应严格按照通知要求，建立健全报酬支付内部管理制度，定期进行自查，并配合上级部门实施检查。

（二）省级新闻出版广电行政主管部门负责对新闻出版单位使用中央财政资金事项进行指导协调、监督检查，并配合总局有关职能部门进行抽查。

（三）总局负责年度监督检查工作的总体规划，指导省局和项目单位执行本办法，组织相关培训，开展对重点项目的检查及抽查。

本通知自2015年5月1日起施行，各单位在实施过程中发现的问题和取得的经验经省局汇总后及时上报总局财务司，以便更有效地贯彻实施本办法。

参考文献

[1]蔡鸿程. 编辑作者实用手册[M]. 北京: 中国标准出版社, 2009.

[2]许家康. 年鉴编纂入门与创新[M]. 北京: 线装书局, 2006.

[3]易行. 年鉴编辑手册[M]. 北京: 线装书局, 2008.

[4]肖东发. 邵荣霞. 实用年鉴学[M]. 北京:中央文献出版社, 2000.

[5]杨军仕, 王守亚. 地方综合年鉴编纂教程[M]. 北京: 方志出版社, 2016.

[6]孙关龙. 年鉴论坛: 第三辑[M]. 北京: 中国税务出版社, 2012.

[7]王守亚. 年鉴论坛: 第四辑[M]. 北京: 长城出版社, 2013.

[8]王守亚. 谈谈年鉴的科学性和艺术性[D/OL]. (2018-09-19)[2019-05-21]. http://www. yearbook. cn/?p=15&a=view&r=560.

[9]郑维桢. 总结经验狠抓质量努力推动新时代中国年鉴事业新发展——在2018中央级年鉴研讨会暨北京香山论坛上的主旨报告[D/OL]. (2018-09-19)[2019-05-21]. http://www. yearbook. cn/?p=15&a=view&r=561.

[10]朱景芳. 年鉴编校差错的常见原因及对策浅析[J]. 传播

与版权, 2018(3): 65—66.

[11] 何蕊, 邵权熙. 论新时代行业年鉴的发展特点[J]. 中国年鉴研究, 2018(4): 15—20, 79.

[12] 杨卓轩. 地方综合年鉴质量控制研究——以2017年度全国地方志优秀成果（年鉴类）评审为例[J]. 中国年鉴研究, 2018, 4(2): 38—45, 80.

[13] 童伟中, 郎震邦. 图书主书名页常见问题及解决办法[J]. 出版发行研究. 2017(8): 102—104.

[14] 于玲玲. 浅谈图书封皮和书名页印前审查的"六性"[J]. 出版参考, 2018(4): 70—71.

[15] 田维. 浅谈地方志编纂工作的标准化[J]. 标准化论坛, 2015(3): 57—58.

[16] 陈金艳. 信息时代专业年鉴品牌化发展策略——以税务年鉴品牌塑造为例[M]//王守亚. 年鉴论坛: 第六辑. 北京: 长城出版社, 2015.

[17] 杨永成. 中西方对年鉴的认知和定位[J]. 中国年鉴研究, 2016(11): 51—56.

[18] 张恒彬. 国外年鉴选介[M]. 北京: 社会科学文献出版社, 2018.

[19] 杨卓轩. 国外年鉴的基本特点及对我国年鉴发展的启示——以《国外年鉴选介》为例[J]. 史志学刊, 2020, 36(6):44—52.

[20] 姜原. 国外年鉴特征辨析及启示[J]. 中国年鉴研究,

2021(1): 68—77.

[21] 潘捷军. 新时期年鉴学术研究与学科建设——基于综合年鉴与专业年鉴的研究视阈[J]. 中国年鉴研究, 2023(3): 60—69.